José Paulo Pereira Silva, PhD

mais de **2,6 milhões** de seguidores no instagram

Gestão Ideal

O guia essencial para o
sucesso da sua empresa
do **físico ao digital**

São Paulo

2022

Ficha catalográfica elaborada por Marta de Souza Pião — CRB 8/6466

Silva, José Paulo Pereira, 1973-

S586g   Gestão ideal : o guia essencial para o sucesso da sua empresa do físico ao digital / José Paulo Pereira Silva. — São Paulo : Ideal Business, 2022.

212 p. : il. color. ; 21 cm.

Inclui bibliografia.
ISBN 978-65-84733-26-8
ISBN e-Book 978-65-84733-22-0

1. Gestão empresarial. 2. Marketing de relacionamento. 3. Planejamento estratégico. 4. Sucesso nos negócios. I. Título.

CDD: 658.401
CDU: 658.011.2

Direção Geral Ideal Books
Rackel Accetti

Coordenação Editorial
Raquel Andrade Lorenz

Redação
Juliana do Nascimento Valomim

Parecerista
Lorete Kossowski Mocelin

Aprovação
Rackel Accetti

Revisão Ortográfica
Editora Coletânea

Capista
Rafael Brum

Imagem da Capa
cnythzl/iStockphoto LP

Projeto Gráfico, Ilustração e Diagramação
Editora Coletânea

A minha família, aos amigos e colegas da jornada profissional, que sempre sonham juntos e trabalham incansavelmente em busca da excelência e do crescimento mútuo.

Ao meu amigo e prefacista deste livro, Edson Pardini, que contribuiu para minha visão como empreendedor — deixo essa menção como uma singela homenagem.

SUMÁRIO

PREFÁCIO

Existem pessoas que passam por nossa vida e a marcam e transformam profundamente, direcionando-nos para o **bem**, contribuindo para o nosso crescimento pessoal e profissional. O **José Paulo** é esse grande amigo e líder natural, que marcou de forma indelével a minha vida; e sei que isso se aplica a um número enorme de pessoas que tiveram o privilégio de conhecê-lo e de trabalhar em sua equipe.

Tive a oportunidade de conhecer o **José Paulo**, por volta de 2004-2005, por meio da recomendação de um empresário para quem ele havia prestado relevantes trabalhos de alavancagem de vendas. O **José Paulo** estava iniciando a estruturação de sua primeira empresa... e sua personalidade e inteligência brilhantes já se evidenciavam de forma marcante.

O seu **entusiasmo contagiante** e o seu **brilho nos olhos**, típicos das almas de grande envergadura espiritual, amalgamou a nossa amizade desde o primeiro contato.

José Paulo sempre destacava que o seu trabalho como empreendedor era apenas um **meio para atingir um fim maior**: falar e levar a palavra de Deus para as pessoas... e ele vem trilhando consistentemente esse Caminho de Luz!

Ele é um **empreendedor serial** nato, um grande **visionário**, que enxerga as oportunidades e as persegue com grande dedicação e comprometimento, demonstrando destacada **resiliência** para superar os obstáculos, mantendo um **equilíbrio emocional** notável.

Contudo, o que mais admiro nele é o seu exemplo de **integridade moral** e a sua **fidelidade aos princípios éticos**, que fazem parte de sua **essência** mais íntima. Essa sua característica, aliada à sua capacidade de comunicação autêntica e direta, o tornam um **grande líder**, fazendo que as pessoas o sigam natural e espontaneamente.

Como o **José Paulo** sempre destaca:

"A palavra convence, o exemplo arrasta."

Essa é a força maior de **José Paulo**: ele nos envolve e direciona pelo seu exemplo genuíno como grande homem do bem, de extraordinária competência, que pavimenta a estrada do sucesso para todos.

Nesta sua nova obra, *Gestão Ideal*, José Paulo sintetizou toda a sua **bagagem** de conhecimentos e experiências profissionais na gestão de pessoas e negócios, o que propiciou a criação de seu multifacetado **Grupo Ideal Trends**, do qual ele é o CEO e Presidente.

O livro permeia, com linguagem clara e **objetiva**, as explicações sobre: **tributação** e **contabilidade** conforme o tamanho da empresa, **liderança** e **atendimento ao cliente**, com exemplos práticos e ferramentas para o **desempenho diário**.

Tive o privilégio de ter acesso ao manuscrito do livro e me chamou a atenção o seguinte parágrafo, já no primeiro capítulo, nos preparando para o que mais viria durante a leitura:

> A gestão empresarial é importante para qualquer negócio, independentemente do tamanho. Muitas vezes, por não se saber quais são as funções ou achar que é algo pertinente somente a grandes empreendimentos, não se dá atenção suficiente para essa atividade, e ocorre o falecimento precoce da empresa.

Todos temos muitíssimo a aprender com o **José Paulo**, nos enriquecendo com todos os **conhecimentos** e as **orientações** contidos neste livro de sua lavra.

Ótima leitura e bom aprendizado!

Edson Pardini

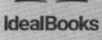

AUTOR

José Paulo Pereira Silva é graduado em Engenharia de Produção, Mestre e Doutor em Administração de empresas e Pós-Doutor em Relações Internacionais pela Florida Christian University (FCU/USA). É presidente e fundador do Grupo Ideal Trends, atualmente com mais de 30 empresas, clientes em 30 países e projetos de crescimento exponencial. Formou centenas de empreendedores e tornou colaboradores seus sócios. "Dividir é multiplicar!".

José Paulo também é pastor na Igreja-Escola Ideal Way, onde busca evangelizar e mobilizar pessoas com métodos e ferramentas de ensino e aplicabilidade bíblica, além do equilíbrio das sete áreas da vida.

José Paulo Pereira Silva é casado, pai de quatro filhos. Desde sua juventude sempre foi ávido por resultados e muito trabalho.

Com uma visão aguçada para novos negócios, José Paulo não se limita apenas ao próprio crescimento, mas dedica-se também à formação e à mentoria de milhares de pessoas, dando a oportunidade para seus colaboradores de tornarem-se sócios de suas empresas de forma meritocrática e seguindo seu modelo de liderar pelo exemplo, com a aplicação da cultura para todos no Grupo.

Durante esse período, por meio de seus direcionamentos, transformou pessoas simples e dedicadas em empresários de grandes resultados, entre eles, jovens que já possuem sua liberdade financeira.

Tendo como base a integridade, resultados, constância e fé, e por acreditar que dividir é multiplicar, José Paulo tem prazer em passar todo o seu conhecimento para o desenvolvimento de pessoas em diversas áreas do mercado.

INTRODUÇÃO

JORNADA DE JOSÉ PAULO

Eu me defino como uma pessoa que ama trabalhar. Faço isso desde os quatorze anos de idade e acredito que as pessoas precisam de boas palavras para que consigam se desenvolver. Por isso, neste livro, mostro a você que há oportunidades. Tudo é possível para aquele que crê, que é persistente.

Uma das experiências profissionais que tive mudou a minha visão de mundo. Com ela, aprendi que se paga mais a quem vende do que a quem produz, porque o vendedor ajuda a resolver o problema de alguém. Eu trabalhava na área de manutenção de uma fábrica e via sempre um rapaz de terno e gravata estacionando o carro no pátio da empresa, ele era representante comercial. Tomei coragem e perguntei ao proprietário quais as responsabilidades daquele cargo. Ele disse que eram trazer pedidos e gerar faturamento. Esse representante ganhava quatro vezes mais que o meu gerente. Assim, eu quis seguir para essa área.

Uma vez, eu investi todos os recursos que tinha naquele momento e fiz uma venda grande para uma empresa, que não cumpriu com o pagamento. Foi um momento difícil, nada parecia dar certo e eu queria saber qual era o meu problema. Então pensei: "tenho saúde e vontade, vou recomeçar — mas não do zero, e sim de onde eu estou". Aqueles pensamentos geraram esperança em meu coração e tive uma resposta: a de conciliar vendas com a internet. Decidi trabalhar com marketing digital e cresci muito, a ponto de ter mais de 30 empresas líderes nas áreas de saúde, educação, idiomas e meios de pagamento, com clientes em diversos países. Fiz cursos, escrevi livros e comecei a ser consultor.

O que eu quero dizer a você? Que não é fácil. Tive muitos desafios na vida profissional e pessoal. Não me considero mais inteligente que os outros, sempre fui um aluno mediano. Nasci na periferia de São Paulo, estudei em escola pública. Antes de prosperar, quatro negócios fracassaram: uma academia de ginástica em condomínio; a comercialização de sacolas plásticas; a venda de cosméticos de grandes marcas pela internet; e um site de autoajuda.

O que me fez continuar foi a integridade, a fé e a constância de que as coisas vão acontecer. Não importa de onde você veio, mas o que você quer para a sua vida. Você pode fazer todas as mudanças que quiser. O que vivemos é o que forma o nosso caráter, o que nos faz ser quem somos.

Todas as experiências são vistas por mim de forma feliz. Nas próximas páginas, trago conceitos sobre estratégias de gestão para pequenas empresas, com base em toda a minha trajetória nos negócios. Aprender com quem já passou por situações adversas e alcançou o sucesso tornará a caminhada mais assertiva, você vai ver!

BÔNUS

Escaneie o QR Code a seguir e tenha acesso ao conteúdo Bônus Exclusivo deste livro.

CAPÍTULO 1

ASPECTO CENTRAL DE TODOS OS NEGÓCIOS

Muitas empresas nascem na necessidade ou de um sonho! Nascem da busca pela independência financeira, da vontade de prosperar e do desejo de fazer o que ama ou o que realiza. Se você está à frente de uma empresa, relembre o motivo que levou você até aí. Pense! O que fez você ir em busca desse sonho? Quais foram suas motivações?

Em alguns casos, toda a motivação e a energia desprendidas na criação da empresa parecem ter sido em vão. Os resultados não foram os esperados, os objetivos não foram alcançados e o sonho dá lugar a uma espécie de frustração. Mas por que isso acontece? Um dos motivos é a falta de gestão.

As próximas páginas o levarão a uma caminhada de reflexão sobre o que pode ser feito para melhorar a gestão dos negócios e com isso alcançar mais produtividade, solidez, lucratividade e tornar esse sonho cada vez mais real e próspero.

1.1 GESTÃO EMPRESARIAL, O QUE É?

Gestão empresarial sempre vem à cabeça quando pensamos em empresas e é algo que influenciará os resultados alcançados. Uma boa gestão empresarial pode aproximar uma empresa do sucesso, trazendo para ela: lucros, popularidade e boa reputação. É uma tarefa cada vez mais desafiadora, considerando o aumento da concorrência no ambiente externo e interno e que, se for mal realizada, pode acabar com o sonho, com a empresa. Mas que empresário não gosta de desafios e não quer ter sucesso?

Para entender mais sobre gestão empresarial, acompanhe a história de Lucas, que é uma dessas pessoas que ama desafios e sonha em ter sucesso com seu pequeno restaurante. Inicialmente ele pensava que ter um restaurante significava apenas preparar e vender alimentos com qualidade. Somente isso já bastava para fazer com que os clientes consumissem seus produtos com frequência. Mas será mesmo que isso era suficiente? Alguns sinais negativos, como insatisfação de alguns clientes e baixa lucratividade, mostravam que talvez existissem mais coisas envolvidas aí.

Na gestão de um restaurante há muitas outras ações além de preparar os alimentos: o planejamento dos menus, a conferência de produtos em estoque para verificar se não falta nada para a produção, a organização deste inventário e a compra do que for necessário, o planejamento do orçamento, o controle da qualidade dos alimentos produzidos, a atenção ao atendimento aos clientes, a contratação, o treinamento e o direcionamento dos funcionários. Nossa, quanta coisa! São essas e outras ações que tornarão o sonho do Lucas real e farão com que ele olhe para o que construiu e pense: "eu consegui!".

Sabe quais são algumas ações fundamentais para alcançar sucesso em uma empresa? Ter metas claras e bem definidas e colocar elas em prática com muita dedicação.

É possível refletir sobre isso lendo a frase do livro de Lewis Carroll, *Alice no País das Maravilhas*, quando a personagem principal Alice conversa com o Gato de Cheshire:

> "Alice perguntou: Gato de Cheshire... pode me dizer qual o caminho que eu devo tomar?
>
> Isso depende muito do lugar para onde você quer ir – disse o Gato.
>
> Eu não sei para onde ir! – disse Alice.
>
> Se você não sabe para onde ir, qualquer caminho serve."
>
> (Alice no País das Maravilhas)

Nesse diálogo é possível ver o quão importante é saber aonde se quer chegar. Veja que Alice não sabia para onde queria ir e então respondeu ao gato que qualquer caminho serviria. Isso é muito perigoso. Assim como seu destino pode ser um lugar muito legal, você pode se envolver em uma grande enrascada e chegar a um lugar muito perigoso.

Se perguntarmos para o empreendedor, "onde você quer chegar com sua empresa?", ele até pode responder "ah, tanto faz". Mas isso demonstrará seu desinteresse pela sua empresa – o que na realidade dificilmente acontece, pois os empreendedores

Alice perguntou:

Gato de Cheshire... pode me dizer qual o caminho que eu devo tomar?

Isso depende muito do lugar para onde você quer ir – disse o Gato.

Eu não sei para onde ir! – disse Alice.

Se você não sabe para onde ir, qualquer caminho serve.

(Alice no País das Maravilhas)

normalmente amam o que fazem e desejam ter sucesso em seus empreendimentos. Então, podemos dizer que um empreendedor que almeja ser próspero precisa saber claramente aonde quer chegar e o que fará para chegar até lá.

E então, como definiremos essa ação dentro de uma empresa? Ela pode ser chamada de definição de metas.

É claro que a empresa e os funcionários terão suas próprias metas pois, afinal, todo mundo tem objetivos próprios. Uma boa gestão será feita por um líder, que pode ser o dono do negócio ou não, mas que direcionará a todos, empresa e funcionários, a alcançar seus objetivos em conjunto.

Essa aproximação, esse caminhar juntos em busca do alcance de metas, será muito importante. Se isso não ocorrer, é provável que um dos lados se frustre e não alcance seus objetivos. A empresa quer aumentar seus lucros e o funcionário quer extrair o máximo de reconhecimento profissional, pessoal e financeiro – reconhecimento por seu trabalho e esforço somados a um salário justo e que atenda a suas necessidades.

Aliar o lado profissional com o lado pessoal tem pesado cada vez mais para os trabalhadores, no sentido de buscarem empregos que possibilitem mais qualidade de vida. Lucas é um exemplo dessas pessoas. Ele poderia ter seguido outros caminhos ao invés de abrir um restaurante. Um deles seria o de ser funcionário em algum restaurante utilizando seu *know-how*, que é o conhecimento e a sabedoria na sua área de atuação. Ou então poderia trabalhar em um emprego não relacionado com restaurante, tendo que cumprir horários exaustivos, exercendo atividades que não lhe motivariam. Mas a busca pela qualidade de vida e pelo encontro com seus sonhos, aliada a habilidades empreendedoras, fez com que ele optasse por ter seu próprio restaurante.

Quando o gestor pensa em estratégias para motivar, reconhecer e valorizar os funcionários, financeira e profissionalmente, contribui para o alcance de suas metas pessoais e faz com que fiquem mais motivados, envolvidos, comprometidos e dedicados à empresa.

Como contrapartida, um funcionário motivado trabalha com garra, criatividade e desejo de superação, dando o seu melhor à empresa, fazendo com que ela alcance e até ultrapasse suas metas.

Um gestor que pensa na utilização adequada dos recursos define formas de dividir melhor as atividades, evitando que um funcionário esteja sobrecarregado e assim não consiga realizar adequadamente suas atividades e apresente um desempenho ruim. Além de dividir melhor as atividades, este gestor direciona melhor cada um para sua função, conforme a área onde é especializado e o campo de conhecimento, fazendo com que isso aumente a precisão e a velocidade do trabalho e diminua o desperdício de outros recursos.

Por exemplo, se uma pessoa é comunicativa, se gosta de estar em contato com muitas pessoas, se é uma boa vendedora, é interessante direcioná-la a trabalhar no setor de vendas, e não em outro. E mesmo que ela tenha talento e aptidão para a área, deve-se proporcionar treinamentos adequados para que ela se desenvolva ainda mais e torne os contatos com os clientes mais efetivos e produtivos.

A gerência auxiliará nesses processos, ao enxergar melhor as pessoas, dividir tarefas, integrar equipes, organizar ações e definir prioridades. Dessa forma, trabalhando de forma coordenada e organizada, sem negligenciar passos, o negócio funcionará sem problemas e com mais leveza.

Resnik (1990) é um autor que fala sobre a importância de não negligenciar alguns conceitos básicos, que são decisivos para que falhas não ocorram. Segundo ele, esses fatores devem ser observados antes que a empresa comece a operar ou antes que ela seja aberta, pois se ela começar com falhas e for instável, necessitará de muitos anos para alcançar o equilíbrio, sendo que na maioria das vezes ela não sobrevive ou fecha. Ele diz que as pequenas empresas têm particularidades pertinentes somente a elas, e que o gestor que está à sua frente deve permanecer atento a elas, elaborando estratégias específicas.

Uma boa gestão dependerá diretamente da pessoa que está à frente da empresa. Em uma pequena empresa, normalmente, o proprietário ou o próprio gerente é quem está na direção. Mas como ele conseguirá fazer essa gestão ser eficiente? Na história anterior, a direção era feita pelo Lucas. E no seu caso? Quem está à frente da empresa em que você está pensando ao ler esse livro?

Resnik (1990) fala que o proprietário-gerente tem papel primordial no sucesso da empresa. Ele será responsável por montar uma boa equipe, monitorar as atividades, verificar quais mudanças serão necessárias e qual estratégia será posta em prática para que o aperfeiçoamento seja feito. Se a gestão for eficiente e o seu líder for um verdadeiro empreendedor, a empresa será produtiva, tanto para a sociedade que está inserida quanto para aquele que idealizou e concretizou um sonho.

Pensar sobre e realizar a gestão empresarial envolve planejamento, organização, direção e controle das atividades, em um ambiente dinâmico e em constante mudança. Nesse ambiente é preciso também supervisionar e controlar vários assuntos que envolvem o negócio, assim como, é importante dar suporte, orientar e direcionar as pessoas que trabalham na empresa, propiciando um ambiente saudável e produtivo. Todas as pessoas envolvidas com a empresa, funcionários e empregadores, devem trabalhar colaborativamente e de forma organizada, para que juntos alcancem os objetivos e as metas de forma competente, levando a empresa — e eles mesmos — rumo ao sucesso.

Vimos que, na história de Lucas, essas atividades são realizadas, mesmo que ele não tenha total ciência de que essas são as funções administrativas de um bom gestor. É importante ressaltar aqui a necessidade de buscar entender melhor esses processos.

É ideal que o gestor tenha consciência de seu papel, como um mentor e incentivador, atuando como alguém que motiva todos a estarem envolvidos em uma mesma causa, e que desperta o olhar dos funcionários para verem os problemas que surgem como desafios a serem resolvidos de forma construtiva e cumpridos em equipe. O comportamento do gestor despertará sentimentos positivos e fará com que os funcionários se sintam parte de um todo.

A gestão empresarial é importante para qualquer negócio, independentemente do tamanho. Muitas vezes, por não se saber quais são as funções ou achar que é algo pertinente somente a grandes empreendimentos, não se dá atenção suficiente para essa atividade, e ocorre o falecimento precoce da empresa.

Parece complicado? Para descomplicar, primeiramente vamos reforçar que a gestão empresarial deve fazer parte de qualquer empresa que quer ter sucesso. Depois, vamos ver um pouco mais sobre as funções de gerenciamento, que são: planejar, organizar, dirigir e liderar, realizar a gestão de pessoal e controlar a organização. Dentro dessas funções, ainda é importante lembrar que cuidar dos recursos financeiros, dos recursos naturais, dos recursos tecnológicos e dos recursos humanos – como já foi citado – também está dentro das funções da gestão empresarial.

Duarte (2020), fala sobre um estudioso chamado Jules Henry Fayol que, em meados do séc. XX, apresentou sua teoria sobre as funções administrativas como ferramentas importantes para uma gestão eficiente. Essas funções foram aprimoradas e hoje compreendem: planejar, organizar, dirigir e controlar.

É interessante como esses princípios são úteis e importantes até hoje, aplicados em um fluxo onde há estabelecimento de padrões, observação de desempenhos, comparação do desempenho com o padrão e ações corretivas.

Por que é importante planejar?

É o primeiro passo, e é nessa fase que há a definição de objetivos e metas, olhando para as variáveis de forma realista, analisando os riscos e diminuindo as incertezas. Dicas importantes para essa fase:

- trabalhe com informações reais;

A **gestão empresarial** é importante para qualquer negócio, independentemente do tamanho. Muitas vezes, por não se saber quais são as funções ou achar que é algo pertinente somente a grandes empreendimentos, não se dá atenção suficiente para essa atividade, e ocorre o falecimento precoce da empresa.

@josepaulogit

- tenha metas realistas e grandes objetivos;
- avalie as oportunidades e as ameaças externas;
- planeje aspectos financeiros, logísticos, humanos e operacionais.

Por que é importante organizar?

A segunda fase, organizar, compreende definir as ações que serão tomadas primeiro e por quem – algo muito importante para conseguir alcançar os objetivos. Dicas importantes para essa fase:

- organize a divisão do trabalho;
- assuma responsabilidades;
- olhe para os seus recursos próprios, sejam eles humanos, financeiros, estruturais etc. e pense na melhor alocação para eles;
- elabore um organograma para sua empresa. Ele é uma representação gráfica/visual da estrutura hierárquica do negócio.

Por que é importante dirigir?

Após definida a divisão das tarefas, é importante que um líder esteja à frente das pessoas, direcionando e guiando o trabalho das equipes, algo muito importante para manter o foco e também para evitar o desperdício de recursos. Além disso, é neste momento que as relações interpessoais podem ser fortalecidas e os objetivos pessoais dos funcionários alinhados com os objetivos da organização, para que todos cresçam e prosperem, conforme falado no início de capítulo. Dicas importantes para essa fase:

- instrua com clareza como realizar atividades;
- estimule a produtividade mas também o bem-estar de seus funcionários;

- aja com liderança para que as pessoas cumpram suas atividades em um ambiente saudável.

Por que é importante controlar?

Controlar é verificar se aquilo que foi executado trouxe o resultado esperado lá no planejamento. Mas além de avaliar um resultado final, é nessa fase que é possível monitorar se as coisas estão saindo conforme o planejado ao longo do processo. Dessa forma, é possível rever algum passo que não foi ou não está sendo executado de forma adequada, e com isso propor uma ação corretiva, para que a atividade seja realizada com êxito dali em diante. Dicas importantes para essa fase:

- utilize relatórios para controlar processos;

- controle e avalie desempenhos;

- reveja passos que não são realizados adequadamente, propondo ações corretivas.

O planejamento, a organização, a direção e o controle, se feitos de forma eficiente, podem ajudar a empresa a reduzir seus custos, aumentar sua eficiência, ser mais competitiva e com isso sobreviver em ambientes dinâmicos e de grande mudança, como é o cenário no qual as empresas estão inseridas.

Toda empresa quer reduzir custos, pois isso faz com que alcance uma melhor posição no mercado e se fortaleça perante a concorrência. Mas como a empresa pode reduzir custos? Organizar e combinar os fatores de produtividade, utilizando de maneira adequada os recursos, impedindo desperdício de materiais, tempo, esforços e energia, influencia a redução do desperdício de dinheiro; logo, a gestão proporciona o melhor ROI (Retorno sobre o Investimento).

Utilizar melhor os recursos e reduzir custos impacta aumentar a eficiência da empresa. Neste processo, a gestão proporcionará a maximização da produção para alcançar o máximo de lucro. Porém, é preciso lembrar que durante esse caminho pode-se enfrentar muitas situações difíceis. Uma boa gestão visará o bom funcionamento da organização e a redução de falhas, tendo uma posição de enfrentamento das situações adversas.

Essas situações adversas acontecem porque o ambiente em que a empresa está é muito dinâmico, e assim ela é influenciada e afetada por fatores políticos, sociais, econômicos etc. Então, para sobreviver, ela precisa se adaptar a este ambiente em mudança, sendo flexível e ajustando estilos de trabalho ou metas de curto prazo.

Como são muitas atividades, existem algumas ferramentas que podem ajudar o gestor durante a sua realização. O Sistema de Gestão de Negócios é um instrumento para implementação do planejamento estratégico, das diretrizes, das políticas da empresa, dos processos organizacionais e dos procedimentos internos e externos. Além disso, ele é fundamental para desenvolver e executar estratégias da empresa ou para implantar um plano de negócios, por exemplo.

O Sistema de Gestão de Negócios auxilia o gestor a definir estratégias de trabalho. Com ele, é possível agrupar todas as funções do gerenciamento em um só lugar, permitindo, por exemplo, ver mais claramente quais processos devem existir e quais não são tão importantes, quais tarefas são fundamentais e trazem retorno ao negócio e quais são desperdício de tempo e dinheiro, quais procedimentos e atividades são importantes e quais não são. Dessa forma, tendo mais claras essas questões, é possível tomar decisões mais corretas e eficientes e, com isso, se aproximar do alcance dos objetivos gerais da empresa e atender seus clientes muito melhor.

Medir o desempenho do negócio e controlar melhor as atividades, por meio de ferramentas de monitoramento e planejamento, é a intenção dos Sistemas de Gestão. E quando o desempenho é medido com mais clareza, é possível definir quais atividades a empresa realizará, para buscar melhorias contínuas durante os processos.

A hierarquia multinível direciona diversas funções, como marketing, vendas e compras, a trabalharem de forma integrada para alcançar os objetivos da empresa.

Um dos benefícios do Sistema de Gestão é coletar informações e, a partir daí, definir estratégias e técnicas que a empresa colocará em prática para atingir seus objetivos. Com ele também é possível definir a abordagem na implantação de um plano de negócios.

As soluções táticas precisam estar alinhadas com os prazos que estão nos documentos das estratégias da Gestão Empresarial, e também alinhadas à política da empresa. Dessa forma serão efetivas e não se distanciarão dos objetivos. Ou seja, é preciso estar atento a este alinhamento de informações, pois com táticas adequadas são cumpridas as metas e os objetivos são alcançados.

Para desenvolver os planos de gestão empresarial é preciso pensar em processos e diretrizes, ou seja, instruções práticas que possibilitem ao gestor controlar as soluções táticas e os procedimentos que mostrarão como as tarefas diárias devem ser executadas.

Quem está na gestão da empresa tem em mãos uma grande responsabilidade e muitas ações para colocar em prática. O modo como essa pessoa fará isso demonstrará que tipo de gestão realiza. Reflita um pouco sobre que tipo de gestor ou gestora você é ou quer ser.

Uma gestão democrática ocorre quando os funcionários são estimulados, incentivados e possuem conhecimento para poder opinar e dar feedbacks sobre as decisões do negócio. Segundo o Sebrae (2013), no estilo de liderança democrática é priorizado um clima agradável, onde o líder é participativo, interage bem com a equipe

Quem está na gestão da empresa tem em mãos uma **grande responsabilidade** e muitas ações para colocar em prática. O modo como essa pessoa fará isso demonstrará que tipo de gestão realiza. Reflita um pouco sobre que tipo de gestor ou gestora você é ou quer ser.

e se comporta como um facilitador, que ajuda seus colaboradores a executar suas tarefas da melhor forma possível. Os resultados vêm acompanhados de um clima de comprometimento das pessoas, satisfação, integração e responsabilidade.

Uma gestão autocrática é aquela na qual a pessoa que está à frente da empresa toma todas as decisões sozinha, e lidera a empresa dentro do ambiente de negócios. Isso ocorre de tal forma que os subordinados não têm nenhuma liberdade de escolha ou oportunidade para opinar (SEBRAE, 2013). Além disso, é temida pelo grupo, que só trabalha quando ela está por perto, pois não se sente parte de um todo, engajado e comprometido, mas obrigado a fazer determinada atividade. Normalmente os funcionários estão envolvidos em um grande volume de atividades mal divididas, estão frustrados e tensos, insatisfeitos e desmotivados, fatores que são gatilhos para conflitos.

A gestão paternalista é aquela na qual a empresa propicia um ambiente tão bom para o funcionário que ele se sente protegido e acolhido. Há uma relação fraterna – o líder tem uma relação amistosa com seus colaboradores. É um estilo de gestão apreciado pelos brasileiros, que apresenta vantagens e desvantagens.

Conforme HSM (2021), como pontos positivos da liderança paternalista podemos citar: clima agradável, harmonia na equipe, boa solução de conflitos, feedbacks positivos frequentes, comunicação eficaz e empatia. Há um movimento par tentar entender os problemas dos funcionários, a fim de buscar a melhor forma de deixar todos satisfeitos.

Como pontos negativos há uma certa falta de limite, dificuldades em dar feedbacks para melhoria e receber profissionalismo da parte de seus liderados, considerando que é visto por eles como uma figura paternal.

Em uma gestão tradicional, são criadas expectativas sobre as metas a cumprir, e vemos uma hierarquia bem definida, com níveis de gestão baixos, médios e altos.

1.2 COMO ADMINISTRAR UMA EMPRESA VIRTUAL

Anteriormente, uma pessoa abria uma loja no centro da cidade e vendia seus produtos presencialmente. Seu modo de expandir o negócio era criar lojas físicas em outros locais. Mas atualmente, comercializar pelos canais digitais é uma excelente opção para ampliar o campo de atuação da empresa e torná-la mais competitiva.

A chegada da internet estreitou relações entre funcionários e gerentes, e também entre clientes e empresas, mesmo que estejam distantes geograficamente. Muitas possibilidades de canais de compra surgiram e a tendência é que os clientes procurem cada vez mais os canais virtuais, devido a sua praticidade, flexibilidade e maior diversidade de produtos. O investimento em lojas virtuais pode ser uma boa opção para quem quer iniciar um negócio ou expandir o negócio existente.

Para administrar com eficiência uma empresa virtual, existem algumas dicas:

- **utilizar plataformas gratuitas de reuniões digitais**, como Teams, Zoom ou Google Hangouts. Dessa forma, é possível estar próximo das equipes e gerenciar o negócio sem aumentar custos com a plataforma. Com um diálogo frequente, aberto e objetivo, mesmo que acontecendo pela tela do computador ou do celular, é possível conhecer os pontos fortes e fracos, e o que motiva ou desmotiva a equipe. Isso tudo para mantê-la sintonizada e produtiva.

- **agendar reuniões semanais**. No tópico anterior já foi mencionada a frequência dos diálogos, e a dica aparece aqui novamente. Justamente porque é muito importante estar presente, mesmo que a distância (estando online), discutindo ideias e tendo momentos juntos para que as coisas funcionem melhor.

- **estabelecer metas**. Rastreie resultados em vez de horas trabalhadas, pois normalmente quando as pessoas trabalham em casa tendem a ser mais produtivas e eficientes. Então, metas claras fazem que o foco seja mantido para atender aos objetivos.

- **oferecer benefícios extraordinários**. Não se trata de aumentar salários ou oferecer um plano de saúde melhor. Já pensou em oferecer algo que as outras empresas não oferecem? Por exemplo: folgas remuneradas, semanas de trabalho com quatro dias, horários flexíveis. Ou ainda, que tal pesquisar com os funcionários o que mais lhes agradaria em termos de benefícios? Isso seria muito interessante e acolhedor para propor um benefício extraordinário para eles.

- **conversar semanalmente sobre metas**. Conversas para alinhamento uma vez por semana, de preferência com agendamento prévio, para saber onde a equipe está, o que já fez e o que falta ser feito, sem deixar para os últimos dias do mês, é algo que aproxima o grupo e o deixa mais coeso. Ter sempre à mão durante as reuniões com os colaboradores um plano trimestral onde constem as metas, torna mais clara a visualização do que já foi alcançado, quais são os desafios e quais as oportunidades de sucesso.

- **realizar reuniões com transparência**. Iniciar uma reunião perguntando "como foi sua semana?" é algo que fortalece a equipe, tornando-a mais sincera e a reunião mais transparente, mesmo a quilômetros de distância. Uma pergunta como essa possibilita que as pessoas falem sobre os desafios e sobre o que deu certo nos últimos dias, tornando o momento mais produtivo.

Os clientes estão procurando cada vez mais facilidade e variedade na hora de escolher os produtos ou serviços e também agilidade e segurança para efetuar os seus pagamentos. Para isso, recorrem aos canais digitais, a serem utilizados com uma boa abordagem e com criatividade pelas empresas que querem se destacar. O Sebrae (2020) traz algumas dicas importantes para pessoas que querem abrir um e-commerce.

Veja com mais profundidade cada uma das dicas mostradas na figura anterior.

- **Conhecer o seu cliente**

    A internet beneficia a possibilidade de contato com o cliente, permitindo conhecê-lo por mensagens, canais como WhatsApp ou outra rede social. Outro ponto interessante é que os comentários deixados pelos clientes em sites de concorrentes podem apontar para o que não deve ser feito pela empresa. Olhar para o site dos concorrentes e observar os hábitos de compra desses clientes podem também dar referências, despertar a criatividade e inovar.

- **Conhecer o mercado digital**

    Vender em loja virtual é diferente de vender em loja física. É preciso considerar custos de hospedagem do site, taxas cobradas pelos meios de pagamento, quando os valores de recebimento cairão na conta, prazo de pagamento que vai ofertar e custo com transportadoras, por exemplo.

- **Organizar o site**

  Existem algumas plataformas prontas para que seja possível colocar o site no ar. Mas é importante lembrar que o site é o canal de venda, então precisa ser muito atrativo e fácil de usar.

- **Entender sobre logística e estoque no e-commerce**

  Entregas rápidas dos produtos intactos, conforme os combinados, serão um diferencial muito importante. Para conseguir cumprir as datas de entrega é muito importante ter um controle de estoque muito afinado. E para isso é preciso utilizar ferramentas para baixar o estoque conforme os produtos sejam vendidos, como por exemplo utilizando planilhas digitais ou físicas, em um caderno.

- **Desenvolver estratégias de marketing**

  Investimento em estratégias de marketing que mostrem para o cliente como o negócio é de qualidade e é confiável, fortalecendo a imagem do site para impactar positivamente as vendas.

Essas dicas norteiam o gestor ou proprietário no momento de abrir a empresa virtual. Mas segundo a pesquisa publicada pela faculdade Tennessee, dos EUA, aproximadamente 46% das empresas não sobrevivem aos primeiros cinco anos de existência por problemas na gestão do negócio. Por isso, é importante refletir sobre algumas atitudes que o gestor precisa ter para administrar bem a loja virtual (MEU NEGÓCIO, 2020).

Ser **multitarefas** é a primeira delas, a qual está relacionada a estar atento a vários aspectos do negócio ao mesmo tempo, como processamentos de pagamentos, níveis de estoque, navegabilidade da página, monitoramento de atendimento etc.

Algo fundamental em qualquer empresa é a **organização**, mas em uma empresa virtual ela pode ser decisiva. Dessa forma, é interessante ter visibilidade de tudo: estoques, vendas, pedidos e entregas, em um controle virtual, em uma planilha no computador ou em um caderno.

Medir resultados é algo que muitas empresas podem não dar muita atenção e por isso não sabem se o site está sendo produtivo ou não. O acompanhamento de um comércio virtual diz respeito a observar quantas visitas a página recebe, quais são os produtos mais procurados e o tempo médio de visitas.

Analisar quantas visitas o site recebe e o volume de vendas é algo muito importante, mas **ficar de olho nas finanças**, controlando com atenção o fluxo de caixa, com um planejamento das receitas e despesas, é algo que vai mostrar se o negócio está sendo rentável ou não.

Fornecedores que cumprem os prazos conforme o prometido, sendo **parceiros confiáveis**, garantirão que a empresa virtual também cumpra os prazos com seus clientes. Para isso, é interessante sempre buscar referências, não fechar contratos muito longos com fornecedores que ainda não conhece bem, fazer um período de experiência com novos fornecedores e ter uma carta na manga, caso precise utilizá-la.

Atenção às entregas, **seja precavido**, pois podem ocorrer alguns picos de vendas, imprevistos climáticos ou rotas interditadas. Não dependa somente dos correios ou de uma única transportadora.

Avaliar o serviço prestado, consultando a opinião do seu cliente. Isso pode ser feito pelo próprio site, em formulários de pesquisa, e-mails após a compra, ou uma carta-resposta acompanhando o pedido entregue. É importante perguntar sobre atendimento, concorrência, preço, facilidade de navegação do site para encontrar os produtos, entre outras perguntas que julgar necessário para conhecer melhor o cliente e também para confirmar se a loja virtual está atendendo aos objetivos que tinha em mente quando decidiu criá-la.

1.3 ESTRATÉGIA *VERSUS* GESTÃO

O que é mais importante para uma empresa, a estratégia ou a gestão? Elas são coisas complementares, e para melhor entender essa relação é importante saber o que cada uma significa. Estratégia é definir o que se quer. Visualizar lá na frente o que se quer e definir o caminho que vai ser utilizado para alcançar esse objetivo. Por exemplo: se está em um lado da cidade e quer chegar ao outro extremo, você sabe aonde quer chegar. Qual rota a ser utilizada fará parte da **estratégia** que o motorista aplicará. A **gestão** estará envolvida com o processo, ou seja: o que acontecerá ao longo do percurso? Quem estará no carro? Essas pessoas precisarão de apoio?

E por que as estratégias são tão importantes para uma empresa? De acordo com o Sebrae (2016), quando a empresa está iniciando, a definição de estratégias permite conhecer quais são seus pontos positivos, suas limitações, suas falhas e no que é excepcional, colaborando assim para o alcance de resultados positivos e do sucesso da empresa. Se é uma empresa que já está no mercado, as estratégias são importantes para aumentar a sua competitividade ou garantir sua sobrevivência.

Algumas alternativas estratégicas são sugeridas pelo Sebrae (2019), relacionadas a crescimento, estabilidade e redução. Por exemplo, as estratégias de crescimento estão relacionadas aos aumentos de venda, lucros, participação de mercado e consequentemente valor da empresa; já as estratégias de redução estão relacionadas com uma reviravolta quando a empresa passa por um momento negativo, envolvendo mudanças para melhoria.

Uma boa alternativa para a empresa desenvolver estratégias é utilizar uma ferramenta chamada **Análise SWOT**. Segundo Toledo (2014), essa análise é um método de planejamento estratégico e de gestão com intuito de diagnosticar como está a empresa. Com essa análise, é possível fazer com que a empresa foque nos pontos fortes, analise suas fraquezas, aproveite as oportunidades e proteja-se das ameaças.

A empresa analisará pontos internos e externos, considerando alguns aspectos em cada quadrante, conforme o quadro a seguir. É interessante que o gestor realmente coloque em um papel ou em um arquivo digital, mas que escreva essa análise, pois isso o ajudará refletir sobre a empresa e traçar suas estratégias.

ANÁLISE INTERNA	
Forças:	**Fraquezas**:
olhando para dentro da empresa, analise o que gera vantagem, como: custo dos produtos/serviços, preços competitivos, tipo de matéria-prima, qualidade do produto/serviço, equipe de trabalho unida e coesa ou como distribuir seus produtos.	olhando para dentro da empresa, pense quais são pontos de vulnerabilidade: no que o concorrente é melhor que a sua empresa, por que os lucros estão reduzidos ou o que está fazendo de errado para não ter os resultados que espera.
ANÁLISE EXTERNA	
Oportunidades:	**Ameaças**:
olhando para fora da empresa, prestar atenção nas oportunidades que surgem, estejam elas relacionadas a um nicho de mercado que pode ser explorado, diferencial da marca, a uma nova tecnologia, a uma lei que favoreça a sua produção ou a uma nova parceria.	olhando para fora da empresa, quais fatores podem prejudicar, atrapalhar ou oferecer riscos à empresa. Podem estar relacionados a um novo concorrente que se aproximou, falta de mão de obra, novas tecnologias, crise econômica etc.

1.4 FASES FUNDAMENTAIS DE UMA EMPRESA

Uma empresa possui um ciclo de vida, conforme Marques (2017). Mas por que é importante conhecer e entender o ciclo? Para saber o que fazer em cada momento, definindo melhor as estratégias e os próximos passos do negócio.

- O primeiro ciclo é a **introdução**. Quando a empresa nasce e inicia a caminhada, há a contratação e o treinamento de funcionários, o abastecimento do estoque, a elaboração de um planejamento estratégico e a divulgação da data de inauguração nos canais de comunicação.

- Depois, vem o ciclo de **crescimento**, que acontece quando a empresa começa a obter resultados. Ela está se tornando popular, reconhecida pelo mercado e por consumidores que passam a ser seus clientes. É uma fase que leva aproximadamente de dois a quatro anos para ser atingida.

- **Maturidade** é um ciclo em que a empresa já se sustenta e se paga. Há fidelidade de seus clientes, fazendo com que a empresa tenha uma boa fatia do mercado. Ela supera a concorrência facilmente e conhece seu destaque perante o mercado. É uma fase muito boa, mas que pode durar tanto décadas quanto apenas alguns anos.

- **Declínio** é o final do ciclo. Um momento no qual ninguém gosta de pensar. Os produtos e serviços são ultrapassados. Os concorrentes se fortalecem, lançando inovações antes da sua empresa e com isso ela enfraquece. Para reverter essa situação, inove antes. Reveja seu negócio, analisando o que pode ser feito de diferente, de forma mais eficiente, econômica e produtiva. Caso você não reaja, a empresa pode falir, ou seja, morrer.

Para se afastar cada vez mais do último ciclo, é importante dar atenção às duas fases mais críticas e importantes, que são a de **sobrevivência** e a de **crescimento**. Essa atenção é demonstrada em um planejamento bem elaborado, seguindo as dicas dadas neste capítulo.

Sobreviver está relacionado principalmente — e pelo menos — ao equilíbrio entre receitas e despesas, para que o saldo seja ao menos zero, mas nunca negativo. Dessa forma, não há lucro, mas a empresa consegue se manter. Entretanto, para não ir precocemente para o ciclo de declínio, ela precisa começar a crescer, ou seja, começar a dar lucros e ter o retorno sobre o investimento feito, o que é chamado de ***payback***.

É importante que o gestor, proprietário do negócio ou administrador tenha claro em sua mente a necessidade desse tempo e dos recursos que serão utilizados nessas duas fases, para a sobrevivência e para o crescimento e o desenvolvimento do negócio.

AGORA É COM VOCÊ!

Hora de colocar a mão na massa. Neste momento, olhe para a sua empresa já existente ou pense no negócio que deseja criar e faça sua Análise SWOT:

Análise SWOT

Análise interna

Análise externa

Forças

Oportunidades

_____   _____
_____   _____
_____   _____
_____   _____
_____   _____
_____   _____
_____   _____
_____   _____
_____   _____
_____   _____
_____   _____
_____   _____
_____   _____

Análise interna

Fraquezas

_____

_____

_____

_____

_____

_____

_____

_____

_____

_____

_____

_____

_____

_____

Análise externa

Ameaças

_____

_____

_____

_____

_____

_____

_____

_____

_____

_____

_____

_____

_____

_____

CAPÍTULO 2

RELACIONAMENTO COM O CLIENTE

O cliente é a razão para uma empresa existir. É a sua inspiração e o seu motivador. Sem clientes, uma empresa deixa de existir. Chiavenato (2004) reforça essa afirmação dizendo que o cliente é o principal objetivo da empresa e o seu atendimento é um dos aspectos mais importantes do negócio. Por isso, é importante sempre ajustar e sintonizar os produtos e serviços conforme as preferências dos clientes.

Pensar em estratégias que foquem o cliente é um movimento de olhar de fora para dentro. Ou seja, ao invés de olhar para dentro do próprio negócio, primeiro, deve-se olhar para fora, para o cliente, vendo o que ele deseja e necessita, quais são seus elogios ou reclamações. Também é importante estar atento ao que os concorrentes estão fazendo.

Luzardo (2004) fala que quando a empresa tem a consciência de que é parte do mundo em que vive e que tudo reflete nela, deve se voltar à tarefa de aprimorar cada vez mais o seu atendimento, fazendo com que o cliente sinta que é a pessoa mais importante na relação, e que está em um ambiente compreensivo e saudável, no qual tem liberdade para comprar, pedir, reclamar, e não será ignorado por ela, mas sim, satisfeito da melhor maneira possível.

Algumas dicas bem importantes serão dadas neste capítulo, como por exemplo: utilização de CRM, fidelização do cliente, experiências de compras personalizadas, relacionamentos duradouros, entre outros assuntos que levarão à reflexão de como é possível alcançar esse nível de atendimento.

2.1 A ESTRATÉGIA CRM

Empresas virtuais são uma tendência atualmente, pois conforme visto no capítulo anterior, a facilidade de compra possibilitada pela internet foi algo que agradou muitos consumidores e abriu caminhos para muitas empresas. Mesmo que o negócio seja uma loja de cosméticos em um bairro, por exemplo, ter outros canais para vendas online pode ser um grande diferencial para essa empresa, destacando-a entre seus concorrentes. Uma boa estratégia para se diferenciar positivamente é aumentar as opções de compra de seus clientes, os quais podem comprar na loja física, no site ou pelo WhatsApp.

Considere a situação de Bruna, que abriu um negócio online. Ela está atuando no e-commerce com uma loja virtual de cosméticos, e precisa estar atenta a várias coisas, como por exemplo programar entregas com seus fornecedores, abastecer seus estoques, relacionar os produtos que estão disponíveis para venda em seu site, controlar os produtos que foram vendidos para serem baixados do estoque, analisar as consultas de seus clientes, elaborar e programar campanhas de marketing no próprio site e em outros canais. Quanta coisa, não é mesmo? Como ela conseguirá administrar tudo isso apenas mentalmente? A lista de tarefas só cresce – como ela conseguirá otimizar seu trabalho?

Uma grande falha que ocorre em empresas que estão iniciando seu caminho é o pensamento de que é possível administrar todas as áreas do negócio, conhecer quem e como são seus clientes, sem um controle, sem um banco de dados, sem um local em que se possa acessar essas informações, contando que apenas a memória é suficiente para dar informações que façam refletir e definir os próximos passos.

Saber como é o comportamento do seu cliente é fundamental para a manutenção de um bom relacionamento com ele. E como Bruna pode registrar essas informações? Em certos casos são informações subjetivas, tornando a tarefa um pouco complexa. É preciso um esforço considerável para monitorar e controlar os movimentos e o comportamento de seus clientes.

Uma ferramenta importante para auxiliar e de certa forma facilitar esse processo é o CRM (Customer Relationship Management), que em português significa Gestão de Relacionamento com o Cliente. Essa ferramenta auxilia a administrar o relacionamento com os clientes.

O CRM pode ser pensado como um sistema operacional central, um software, que permite que funcionários vejam informações de histórico de compras, contatos, e-mails, telefones, permite também avaliar o site, com que frequência é visitado, quais são as preferências dos clientes, quais produtos eles buscam e compram mais, dentre várias outras funcionalidades.

Segundo Silva (2015) o CRM é algo que reforça a cultura de entender cada vez mais o cliente e colocá-lo em primeiro lugar, oferecendo os produtos e serviços que ele quer, como ele quer e quando ele quer, ou seja, o que ele precisa, no tempo certo e da forma correta.

> Do ponto de vista tecnológico, CRM envolve capturar os dados do cliente ao longo de toda a empresa, consolidar todos os dados capturados interna e externamente em um banco de dados central, analisar os dados consolidados, distribuir os resultados dessa análise aos vários pontos de contato com o cliente e usar essa informação ao interagir com o cliente por meio de qualquer ponto de contato com a empresa (ZENONE, p.65 apud PEPPERS; ROGGERS, 2000, p. 35).

Isso mostra um ponto bem importante do CRM. Ele não se refere somente à captura de dados. É preciso analisar os dados consolidados, elaborar relatórios e utilizar essas informações para definir as estratégias da empresa.

Zenone (2007) diz que uma das formas de aumentar a rentabilidade dos clientes atuais é utilizar o CRM – método sofisticado e eficiente que transforma a forma como as empresas lidam com seus clientes. Ele comenta também que a internet é algo que facilita e viabiliza esse contato, trazendo resultados compensadores, como clientes mais leais, em um nível de proximidade não visto antes, os quais acabam tendo maior satisfação com a marca.

Já pensou se Bruna passasse a utilizar CRM mais estruturado para administrar o relacionamento com seus clientes? Que efeitos positivos isso poderia causar em sua loja virtual? Mas e o custo disso tudo?

Estamos falando em ferramentas tecnológicas, softwares. Então, algo bem importante deve ser reforçado. Segundo Zenone (2007) o CRM poderá sair caro se a solução tecnológica estiver à frente dos processos. O que ele quer dizer com isso? Antes de pensar na ferramenta, pense no processo, em quais resultados são esperados com ela. É preciso que exista um alinhamento claro do que a empresa quer e precisa fazer para melhorar o seu relacionamento com os clientes e para melhorar a forma como os atende. Esse alinhamento pode ser obtido refletindo sobre as seguintes perguntas: já existe na empresa um banco de dados com informações dos clientes? Como pode ser construído esse banco de dados? De onde e como serão recebidas essas informações para preencher o banco de dados? Qual nível de segmentação a empresa quer?

O Customer Relationship Management ou Gestão de Relaciona-mento com o Cliente, não é nem um projeto nem um conceito. Para Brown (2001), é uma estratégia que tem o objetivo de antecipar as necessidades dos seus clientes potenciais, assim como dos atuais.

Essa estratégia, quando é colocada em prática por meio da utili-zação de um software, impacta positivamente o aumento da receita, as vendas, os lucros e a fidelização do cliente. Com os softwares de CRM, é possível centralizar informações coletadas pelos CPFs das compras realizadas. Com essas informações, é possível descobrir quem é o cliente, o que costuma comprar e com qual frequência, onde mora, seu estado civil, qual é sua data de aniversário etc. (SIL-VA, 2015). A partir daí, o gestor escolhe quais informações são úteis para criar determinadas campanhas de marketing, ofertar determina-dos produtos, elaborar kits de promoção, entre outras ações.

Já pensou se Bruna utilizasse um sistema de CRM em sua loja virtual? Ela poderia, por exemplo, enviar mensagens de felicitação de aniversário para seus clientes automaticamente, fazendo com que neste momento se sentissem lembrados, acolhidos e cativados. Uma ação que parece simples, mas que tem o poder de fazer com que o cliente se lembre da sua marca. Em outros momentos, com outros dados e relatórios, poderia saber quantos clientes visitam sua loja virtual no mês e em qual dia da semana recebe mais acessos. Poderia utilizar os dados para saber também em quais dias vende mais e quais produtos são mais vendidos. Dessa forma, poderia fa-zer uma ação de promoção relâmpago em determinado dia da se-mana, para alavancar acessos e vendas nos dias de menor compra, por exemplo. Poderia também disparar automaticamente e-mail ou mensagem informando sobre promoção de produtos, aproveitando sazonalidades, como por exemplo kits natalinos em dezembro.

Ao utilizar um software de CRM, é possível integrar e-mails, softwares, relatórios e automação. Se o e-mail estiver integrado, é possível enviar mensagens com temas diversos e analisar quais temas chamam mais atenção dos seus clientes. Se o telefone estiver integrado, é possível consultar quantos telefonemas resultam em vendas. É possível integrar também outras ferramentas que a empresa já utiliza, como aplicativos do Google – Drive, Calendário, Contatos e Mapas.

O CRM traz diversos benefícios para um comércio eletrônico, como mostrado na figura a seguir e no detalhamento dos próximos parágrafos.

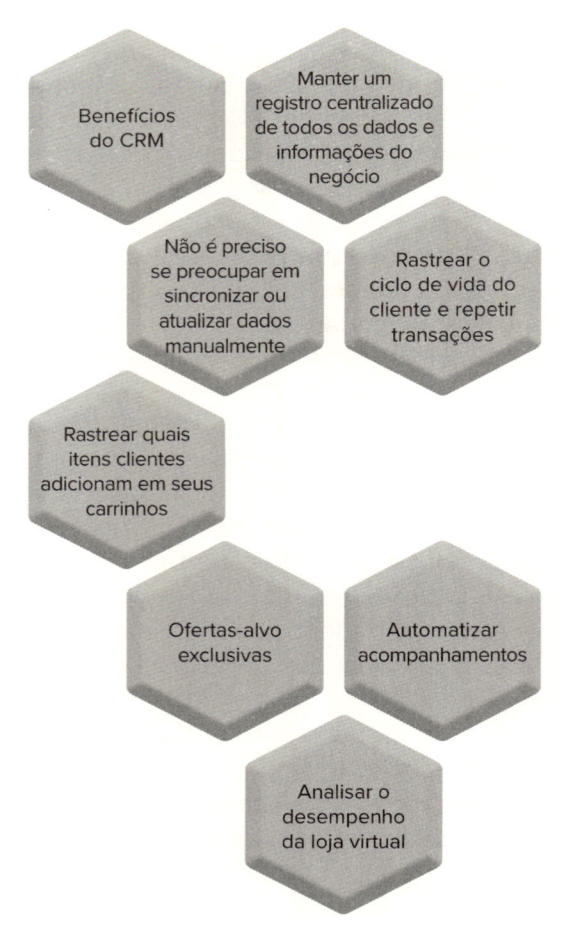

Manter um registro centralizado de todos os dados e informações do negócio é um dos maiores benefícios de um CRM. Isso simplifica a vida do gestor e, a partir disso, é possível sincronizar os dados e torná-los acessíveis e fáceis de ler a partir de um único canal ou portal.

Outro benefício é que não é preciso se preocupar em sincronizar ou atualizar dados manualmente. Além de reduzir o risco de as informações serem inseridas de forma errada, quando se trata de um processo manual, com o CRM essa ação é automática e sincronizada, realizada após cada venda, por exemplo.

Rastrear o ciclo de vida do cliente e repetir transações é outra vantagem importante, pois considerando que o cliente é a razão do negócio existir, é importante medir o seu valor vitalício. Dessa forma, é possível identificar os clientes de maior valor e criar campanhas para aumentar seu ciclo de vida, focando clientes que continuarão a trazer receita para seu negócio, o que é muito interessante, concorda?

Com o CRM, é possível automatizar acompanhamentos, criando uma "sequência" de ações quando um cliente do e-commerce atinge um determinado conjunto de critérios, ao invés de criar campanhas pontuais de e-mail marketing, o que é mais manual e é passível de esquecimento, considerando a rotina acelerada de uma empresa. É possível criar fluxos automáticos para quando alguém entrar no site, ou comprar, ou visitar um produto.

Outro benefício é rastrear quais itens os clientes adicionam em seus carrinhos. Quando um cliente adiciona um item ao carrinho de compras, significa que ele tem alto interesse em comprar o produto. Mas muitas vezes esse cliente não finaliza a compra. Com o CRM, é possível gerar uma lista de clientes que deixaram os produtos em seus carrinhos e também outra lista dos produtos que são frequentemente abandonados. Esses dados são muito valiosos para a empresa compreender o comportamento do cliente e pensar em melhorias para que essas compras sejam finalizadas, aumentando a receita.

Elaborar ações de ofertas-alvo exclusivas com base nas informações, características e comportamentos dos clientes também é possível com o CRM; enviar aos compradores-alvo ofertas especiais, fornecer descontos para os clientes leais e criar campanhas de e-mail para clientes que navegam em determinadas páginas ou seções da loja virtual.

Outro benefício do CRM é analisar o desempenho geral da loja virtual, medindo o desempenho das estratégias de marketing nos diversos canais. Com o CRM, é possível criar relatórios e gráficos que demonstram quantas visitas o site teve, quais páginas o visitante acessou, quais pedidos foram realizados, dentre outras informações que possibilitam medir as ações desenvolvidas.

São muitos os benefícios da utilização de um CRM e, se a empresa tem intenção de utilizá-lo, é muito importante colocar em primeiro plano a mudança de mentalidade e de comportamento de todos os envolvidos, para que foquem a qualidade do atendimento ao cliente, não só na venda, mas o atendimento de ponta a ponta, conforme diz Zenone (2007), para que revejam a estratégia de negócio, pois conquistar um cliente e mantê-lo fiel não diz respeito somente à política de preço baixo, como muitos gestores e donos de negócios pensam. O elo mais simples será a tecnologia. A mudança de comportamento e de visão é que é complexa. Talvez seja necessário treinamento intenso para a criação desse modo de pensar, para que as ideias do CRM sejam internalizadas em todos os níveis da empresa e colocadas em prática de maneira eficiente.

2.2 CRM APLICADO AO MARKETING

O enorme poder e a disseminação das tecnologias digitais, e principalmente a velocidade com a qual evoluíram, transformaram o marketing nas empresas. Atualmente, é difícil pensar em uma empresa, independentemente do seu tamanho, que não utilize tecnologias digitais.

Uma dessas ferramentas tecnológicas é o CRM, utilizado por quase todas as equipes de marketing e representantes de vendas em algum momento, pois já imaginou como seria administrar todos os dados dos clientes manualmente para elaborar estratégias de marketing? É incrivelmente útil ter todos os dados dos clientes em um único lugar. Dessa forma, não é necessário contar com a memória, consultar anotações manuais ou diferentes sistemas para encontrar as informações que se precisa.

A utilização de uma plataforma de CRM para os esforços de vendas e marketing possibilita que o negócio tenha um enorme retorno sobre o seu investimento e também beneficia o seu relacionamento com os leads e com clientes.

E o que são leads? Leads são uma oportunidade de negócio que, segundo Endeavor (2015), podem ser definidos como pessoas ou empresas que contatam a empresa e têm potencial para se tornarem clientes. Os leads são captados no marketing digital por meio de uma *landing page*, que é uma página digital onde as pessoas entram, contatam a empresa, se cadastram e recebem informações sobre produtos e serviços.

Normalmente uma boa *landing page* concede aos clientes algo gratuito, como um e-book, um brinde ou até mesmo vídeos que ensinam algo relacionado com a empresa. Voltando à loja virtual da Bruna, mencionada no início do capítulo, já pensou como seria produtivo e interessante se ela oferecesse um minicurso gratuito de automaquiagem para os clientes que se cadastram em sua loja virtual de cosméticos?

Um ponto importante sobre a criação de uma *landing page* é que, além de ela ter um conteúdo que seja atraente para o lead, deve se mostrar segura para o visitante, de forma que ele se sinta bem e confortável, sabendo que seus dados não serão utilizados indevidamente. Isso contribuirá para aumentar a taxa de conversão de visitas para cadastros.

O CRM possibilita que *leads* se tornem clientes. Essas informações podem ser fluxos de visitas, comportamentos dos clientes, quantidades de compras efetuadas, histórico de atendimento desses clientes e muito mais. Com um CRM é possível gerenciar contatos dos clientes, dados como: nome, e-mail, número de telefone, entre outras informações. Um histórico desses clientes é atualizado conforme os contatos são realizados.

Outra característica do CRM é gerar relatórios robustos, como: número de leads gerados por mês, quantos leads se tornaram vendas e a receita gerada por seus negócios. Com esses relatórios, é possível ajustar as campanhas de marketing para serem mais assertivas e produtivas, por exemplo.

Automação de marketing é outra característica dos CRMs. Ela permite que, por exemplo, ao preencher um formulário para baixar um PDF, os dados do cliente sejam colocados em uma sequência de e-mails, projetados para educá-lo sobre os produtos, e que possam resultar em compras.

Outra característica é que ele pode ser móvel, utilizado em um aplicativo, para que as equipes que viajam possam acessar as informações de qualquer local.

2.2.1 COMO OS CRMS GERAM VALOR?

Enquanto alguns CRMs podem ser caros, o retorno sobre o investimento vale a pena e tem enormes benefícios, como: impulsionar as vendas, reduzir despesas de marketing, aumentar a produtividade, organizar dados, conectando-se com os clientes de forma mais personalizada, e obter uma visão interna dos comportamentos dos clientes, personalizando campanhas de forma mais fácil e eficaz.

CRMs geram valor aumentando a produtividade interna, pois se integram facilmente com outras plataformas e diferentes departamentos podem registrar dados e acessar informações de clientes a qualquer momento, otimizando o tempo e os processos.

Ele permite que as interações com os clientes sejam supervisionadas e avaliadas com facilidade, fortalecendo as relações, convertendo leads, cultivando vendas e mantendo o engajamento com o cliente, que é colocado sempre em primeiro lugar. Como a empresa passa a ter mais informações sobre seus clientes e de forma mais organizada, pode prever o seu comportamento, algo que a diferencia de seus concorrentes, a torna mais competitiva e com mais chances de ter sucesso em suas atividades.

2.3 DICAS PARA COMPREENDER SEUS CLIENTES

A responsabilidade de uma empresa para com o cliente envolve servir, ajudar, atender às suas necessidades, solucionar os seus problemas da melhor maneira possível, demonstrar comprometimento, respeitar e cuidar. Mas conhecer e compreender o cliente não é uma tarefa fácil, e sim um desafio para qualquer empreendedor, gestor ou proprietário de um pequeno ou grande negócio. Isso acontece porque a opinião dos clientes está em constante mudança, e buscar estar por dentro de quais são suas necessidades é uma tarefa contínua para conseguir bons resultados.

Bruna e Lucas estão com esse desafio nas mãos. Ela em busca de conhecer melhor os clientes de sua loja virtual de cosméticos, e ele procurando conhecer melhor os clientes que frequentam seu restaurante. Mas será que estão avaliando todos os pontos que envolvem o atendimento aos clientes para de fato conhecer e compreender o que eles pensam de suas empresas?

Dantas (2009) explica que existem seis componentes que a empresa precisa dominar para prestar um atendimento que satisfaça e supere as expectativas do cliente, demonstrando que o compreende verdadeiramente. Esses componentes estão envolvidos nos processos de atendimento e são:

- **clientes** – todas as pessoas jurídicas ou físicas que adquirem ou utilizam com regularidade serviços ou produtos oferecidos pela empresa, e que entram em contato com a empresa pessoalmente, por telefone ou pelas redes sociais.

- **atendentes** – todos os colaboradores da empresa que têm contato com o público, como por exemplo atendentes de balcão, guichê ou mesa, garçons, recepcionistas, telefonistas, secretárias, vendedores, equipe da limpeza, gerentes e até mesmo o presidente.

- **normas e regulamentos** – leis, normas internas, regulamentos e oferta de produtos, que determinam como a empresa atuará.

- **procedimentos internos** – rotinas, procedimentos operacionais, manuais de produtos e demais práticas habituais que a empresa utiliza para orientar seu funcionamento e a forma de trabalho.

- **elementos de consulta** – fichas cadastrais, sistemas de CRM, catálogos, cardápios, arquivos e listagens, utilizados pelo atendente para realização e finalização do atendimento.

- **instalações** – aspectos físicos da empresa, ambientação, ergonomia, sinalização, cores, layout, decorações etc.

2.3.1 O CLIENTE COMO MITO

Confirme se você já ouviu as empresas se referirem aos clientes das seguintes formas: é "o rei", é a "razão de ser da empresa", é aquele que "sempre tem razão" e "temos que sempre concordar com o que ele diz".

Você já reparou por que normalmente as empresas se referem a eles como "cliente" e não "clientes"? Isso acontece para dar mais peso e valor à palavra. No singular, segundo Dantas (2009), cria-se emoção e importância. Muitas vezes a palavra também é escrita em maiúsculo, aumentando a importância do mito.

A figura a seguir mostra alguns mitos do cliente: quando ele é visto como rei, quando ele "sempre tem razão" ou quando ele é a "razão da empresa". É possível ver Lucas falando para seus colaboradores: "aqui no restaurante o cliente sempre tem razão", e é possível ver Bruna digitando uma mensagem para o cliente, dizendo: "você é a razão de ser da minha loja". São expressões muito utilizadas, não é mesmo? Mas os próximos parágrafos levarão à reflexão sobre essa forma de falar e como o cliente pode ser visto pela empresa.

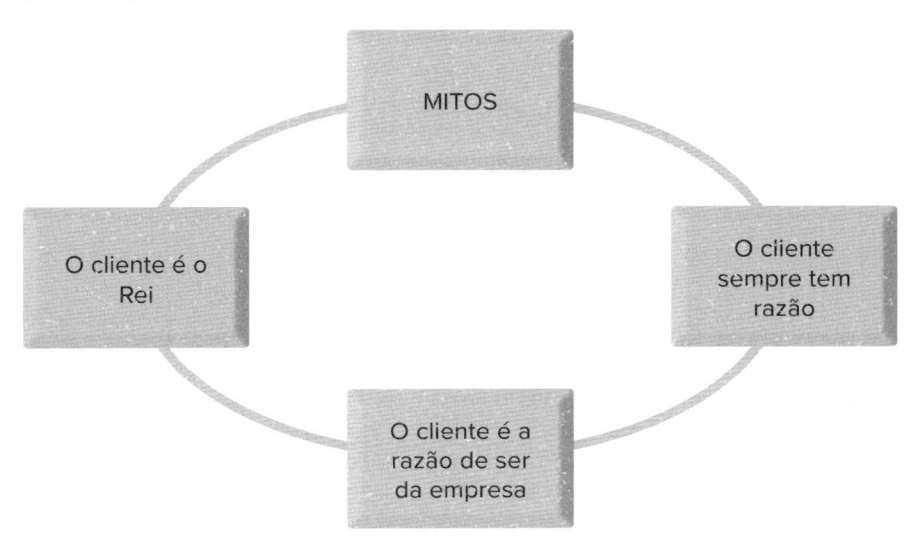

O CLIENTE É O REI

Muitas empresas colocam o cliente como "rei", mas as histórias de reis e rainhas, segundo Dantas (2009, apud ALMEIDA, 1999), são cheias de romance. Alguns reinados foram carregados de injustiças, arrogância e prepotência. Um rei tinha súditos e não parceiros. Tinha bajuladores e não colaboradores. Tinha escravos e não trabalhadores. É essa a relação ideal entre a empresa e seus clientes?

Talvez esse mito possa ser prejudicial para a empresa se o conceito de rei não for codificado da maneira correta. O lado positivo desse conceito é a forma como o cliente passou a ter soberania no mercado competitivo que existe hoje. Como se fosse um "rei moderno", em um ambiente em que mesmo sendo soberano há limites. A forma como será mostrado isso para ele deve ser muito bem pensada.

O CLIENTE SEMPRE TEM RAZÃO

Será mesmo que o cliente sempre tem razão absoluta? Dantas (2009) diz que existem algumas situações em que o cliente não tem razão e elas são mais comuns e ocorrem com mais frequência do que imaginamos. O detalhe é que os colaboradores devem estar muito bem preparados para mostrar para o cliente que ele não está certo. Nenhuma empresa deseja criar problemas para seus clientes e arruinar essa relação tão importante.

Analisemos o exemplo da loja virtual de cosméticos da Bruna. Uma cliente tem a pele oleosa, mas quer comprar um cosmético que não é apropriado para o seu tipo de pele. Nesse caso, a cliente não está com a razão e Bruna precisa mostrar a ela, que, o que importa não é quem tem ou não a razão, mas sim que a empresa está preocupada com o resultado que ela, a cliente, obterá com a utilização do produto. Demonstrar preocupação, ter empatia, saber expor o outro lado da questão, fazendo com que o cliente entenda, sem ofender, é uma forma de transformar a discordância em confiança e credibilidade, fortalecendo a relação entre empresa e cliente.

O CLIENTE ESTÁ SEMPRE EM PRIMEIRO LUGAR

Essa é uma frase muito ouvida no campo dos negócios, concorda? E é algo que demonstra o quanto o cliente é importante para a empresa. Mas você já pensou que, para ter clientes satisfeitos, é necessário ter funcionários satisfeitos? Segundo Dantas (2009), a motivação não está ligada apenas a salários, e funcionários motivados refletem positivamente na compreensão e no atendimento de seus clientes.

Em contrapartida, o estresse é uma séria ameaça à satisfação do cliente. Uma pessoa que sempre recebe críticas sobre seu trabalho e dificilmente recebe reconhecimentos verdadeiros e positivos, tende a não conseguir realizar um bom atendimento ou compreender o cliente, porque passa a ver só o lado negativo das coisas e sente que nunca é compreendido. Dantas (2009) diz que o estresse e o comportamento negativo da empresa para com o funcionário causam uma certa "limitação" no pensamento do colaborador em relação às medidas positivas que poderia ter em relação aos clientes da empresa.

Então, para compreender melhor o cliente e ter sucesso no atendimento, coloque seus funcionários em primeiro lugar, no sentido de se preocupar com as questões mencionadas, para que eles tenham qualidade de vida, respeito, motivação em seu trabalho e, com isso, possam realizar atendimentos que fidelizem os clientes.

O CLIENTE É A RAZÃO DE SER DA EMPRESA

De fato, o cliente é a razão de a empresa existir. Mas aqui, a reflexão diz respeito a conhecer tão bem o cliente ao ponto de saber que há bons e maus clientes. É preciso saber separar as categorias, com o objetivo de reter os bons clientes e acompanhar aqueles que não são tão bons, a fim encontrar maneiras de transformá-los em bons clientes.

A desmitificação do cliente é importante para compreendê-lo melhor e, com isso, melhorar o relacionamento da empresa com ele. É importante considerar que o cliente tem variações de humor, que acerta e erra, que algumas vezes é egoísta, enquanto outras vezes é solidário e compreensivo, que pode ser grosseiro e nervoso, mas também muito educado e cortês, que pode ser humilde ou não, justo ou injusto e que pode ajudar ou prejudicar.

Não considerar o cliente como mito, não é diminuí-lo, mas sim, compreendê-lo a tal ponto de vê-lo como ele é e então conseguir criar uma relação forte, confiável e duradoura.

2.3.2 DICAS PARA COMPREENDER SEUS CLIENTES

Você já parou para pensar quantas vezes Bruna, Lucas e tantos outros empreendedores e gestores tentam entender o que está na cabeça dos seus clientes? Isso ocorre em cada contato, com cada cliente que entra no restaurante ou que fala com a loja virtual pelos canais digitais.

Ser um empresário de sucesso implica ser um grande vendedor, e para ser um grande vendedor é preciso compreender verdadeiramente os clientes. Mas existem vários tipos de clientes. Alguns são mais comunicativos e falam mais sobre o que pensam, já outros são mais tímidos e reservados. Outros estão apressados e não têm tempo de explicar o que querem, já outros estão confusos e não conseguem escolher tão facilmente qual produto comprar.

Essa diversidade torna o processo mais complexo pois, afinal, as pessoas não são tão fáceis de se entender. É necessário um esforço para decifrar o que estão pensando e conseguir montar o quebra-cabeça. E esse esforço é extremamente necessário, pois se você não souber determinar quais são as necessidades do cliente, como poderá propor uma solução adequada para ele?

Algumas dicas serão apresentadas a seguir como forma de clarear o caminho e facilitar esse processo.

ESCUTAR ATIVAMENTE

As informações vêm com mais facilidade quando você se torna um bom ouvinte, embora ouvir atentamente não é tarefa fácil.

Não considerar o **cliente** como mito, não é diminuí-lo, mas sim, compreendê-lo a tal ponto de **vê-lo como ele é** e então conseguir criar uma relação forte, confiável e duradoura.

Mas, para nortear esse processo, é preciso refletir e tentar aplicar o seguinte:

- **manter contato visual**. Se estiver presencialmente com seu cliente, tenha sua atenção direcionada apenas para ele. Não se distraia.

- **ouvir para entender**. Normalmente, respostas são formuladas na nossa cabeça de forma automática, antes de a outra pessoa terminar de falar; assim, ao invés de ouvir, estamos inventando um argumento precipitadamente. Ouvir de forma ativa significa primeiro ouvir tudo o que o cliente tem a dizer, para então formular sua resposta.

- **focar o que o cliente está dizendo**, imaginando a situação, facilita o processo de empatia.

- **ouvir tudo como uma oportunidade**, não apenas aquilo que lhe possibilita uma venda. O que não resultar em venda pode ser uma oportunidade de aconselhar e orientar, construindo um relacionamento com o cliente em potencial.

CONSTRUIR UM RELACIONAMENTO

Como falado no tópico anterior, evitar focar somente a venda é uma boa estratégia para se relacionar com o cliente em potencial. Se focar muito só a venda, o cliente vai perceber e isso estragará a relação.

As pessoas compram daqueles que confiam, conhecem e gostam. Como elas poderão gostar e confiar na empresa se o vendedor não lhes dá essa chance? Encontrar áreas comuns com o cliente em potencial talvez seja uma boa saída. Essas áreas comuns podem ser: torcer para o mesmo time de futebol, ter o mesmo gosto musical, frequentar os mesmos restaurantes, enfim, é importante encontrar uma ponte e tirar o foco somente na venda do produto em si, pois essa conexão fará que o cliente se sinta mais à vontade e se abra mais sobre o que está pensando e sobre suas necessidades.

USAR O HUMOR

Não é preciso ser engraçado ou saber contar piadas. Um humor saudável possibilita que o cliente goste do atendimento. Comentar, por exemplo, sobre uma situação engraçada relacionada ao que a empresa faz, pode ser uma ferramenta eficaz para se aproximar do cliente. Mas uma dica importante é usar esse recurso com parcimônia e respeito, para que seja algo positivo na relação.

TENTAR FALAR MENOS DO QUE ELE

Primeiramente, nunca esquecer que a conversa se trata do cliente e não do vendedor. Então, é ideal que o cliente seja aquele que fala mais.

Interromper e começar a argumentar atrapalhará a conversa. Não é o momento de discutir o produto, mas de compreender a necessidade do cliente potencial.

O momento de falar é quando for necessário esclarecer algo que o cliente potencial está dizendo, como por exemplo reformulando o que ele falou para se certificar de que entendeu. Isso é positivo, pois mostra o interesse pela conversa e beneficia a aproximação com o cliente.

ENTENDER A VISÃO DO CLIENTE

Tentar descobrir onde o cliente quer estar e o que espera realizar, focando não somente o que ele precisa naquele momento, mas olhando para o que ele quer no futuro – este é um caminho para conseguir ajudá-lo.

DESCOBRIR O "PORQUÊ" DELE

Descobrir o porquê do cliente é entender, além do propósito da sua empresa, qual é o propósito do cliente. O que os clientes representam? Que estilo de vida eles têm? Qual é o seu raciocínio por trás do interesse pelos produtos ou serviços da empresa?

2.4 CRIE UMA EXPERIÊNCIA DE COMPRA PERSONALIZADA

A experiência de compra, segundo o Sebrae (2021), é um conjunto de impressões do cliente sobre a empresa, compondo a imagem e as percepções que o cliente tem da loja, desde a fase de pesquisa, passando pela compra e chegando à pós--venda. Essas impressões influenciarão suas decisões sobre voltar a comprar da empresa ou recomendá-la a amigos e parentes, por exemplo.

Diante da grande competitividade existente no mercado, é importante que a empresa agregue valor à experiência do cliente, e cada interação é uma oportunidade para criar uma imagem boa ou ruim, sendo que quem define esse resultado é o cliente.

Uma pesquisa do Sebrae (2021) faz refletir sobre o que os clientes querem:

- 70,8% dos clientes dizem que o preço é o que mais impacta sua decisão de compra.

- 52,3% iniciam pesquisando em lojas tradicionais.

- 50,9% associam melhor experiência de compra aos melhores serviços online.

- 41,5% preferem lojas físicas para efetuar suas compras.

- 36% começam a pesquisar em sites de lojas antes de comprar.

Com essa pesquisa, podemos ver que a internet tem influenciado as decisões dos clientes e modificado seus hábitos de consumo. Um cliente pode estar dentro de uma loja física de cosméticos e pesquisar o valor do mesmo cosmético na loja virtual da Bruna, por exemplo. Para confirmar isso, sugiro que reflita: alguma vez você já fez isso? Pesquisou ou esteve junto com alguém que pesquisou o preço de um produto na internet, estando em uma loja física onde poderia comprá-lo, para comparar os preços?

Com isso é possível perceber que os concorrentes já não são somente aquelas lojas ou comércios localizados na mesma rua ou bairro, mas aqueles que aparecem na tela do celular ou no computador. Então, é cada vez mais decisivo se destacar, oferecendo experiências de compra personalizada aos clientes, inserindo estratégias de marketing de experiência no planejamento da empresa (SEBRAE, 2021).

Criar oportunidades de venda fora do ponto de venda tradicional, estudar e facilitar as interações do consumidor com os produtos ou serviços que a empresa oferece, ajudar o cliente, explorando ferramentas de relacionamento online e offline, pensar fora da caixa e promover o produto ou serviço de uma maneira memorável, dar personalidade ao ponto de venda, fazendo dele um meio de interação, são algumas dicas que o Sebrae (2021) traz para que a empresa melhore as experiências de compra.

Se a empresa é online, uma loja virtual, por exemplo, o Sebrae (2021) apresenta mais algumas dicas interessantes, como por exemplo: responder às perguntas mais frequentes, manter informações acessíveis, ser proativo no atendimento ao consumidor, escolher serviços de entrega que agreguem valor ao serviço, tratar o cliente com transparência, oferecer espaço para os clientes avaliarem a empresa.

Realizar um atendimento tão bom, que impacte com uma experiência de compra positiva e personalizada, é um desafio, pois como falado em momentos anteriores, os clientes são pessoas e pessoas são diferentes umas das outras, tendo suas particularidades e suas diversidades, que devem ser respeitadas.

A seguir serão apresentadas em formato de checklist algumas ações para auxiliar os empreendedores, gestores, atendentes e demais pessoas que têm contato com os clientes a refletir se estão no caminho para propiciar experiências positivas aos seus clientes e pensar sobre quais pontos precisam melhorar. Ao olhar para esta checklist, é interessante refletir se a empresa como um todo realiza as ações mencionadas por Dantas (2009, p. 54). Elas estão relacionadas a um modelo ideal de atendimento, e são divididas em três momentos: do perfil do atendente, do atendimento em si e do ambiente do atendimento.

Quanto ao perfil do atendente:

- Dá boas-vindas ao cliente?
- É educado e cortês?
- Mostra boa vontade no trato com os clientes?
- Dá toda a atenção ao cliente?
- É rápido e atende de imediato?
- Conhece bem o seu trabalho, as rotinas da empresa e presta orientação segura?
- Evita termos técnicos?
- Não dá ordem aos clientes?
- Chama um superior em caso de necessidade específica?
- Evita atitudes negativas?
- Fala a verdade ao cliente?
- Dedica atenção e empenho às reclamações, demonstrando boa vontade para resolver problemas?
- Tem cuidado com o ambiente de trabalho?
- Demonstra preocupação e interesse?
- Sabe reconhecer e lidar com ansiedades?
- Sabe tirar proveito de situações delicadas?
- É prestativo e dinâmico?
- É adequadamente remunerado?
- Demonstra satisfação pelo trabalho?

Quanto ao perfil do atendimento em si:

- Prevê sistemas de filas organizadas, que evitem longa espera?

- Oferece informações corretas, precisas, atualizadas e seguras?
- É automatizado?
- É desburocratizado?
- Não discrimina qualquer classe social?
- Não admite "jogo de empurra"?
- Dá retorno/feedback ao cliente por diferentes canais de comunicação?
- Cumpre prazos?
- Antecipa informações de interesse do cliente?
- Permite sistema de hora marcada?

Quanto ao ambiente de trabalho:

- O ambiente é organizado, limpo e as instalações estão em boa qualidade?
- A mobília é apropriada e adequada às questões de acessibilidade?
- Apresenta uma combinação de cores adequada?
- A iluminação é de boa qualidade?
- É arejado?
- Há espaço disponível para o cliente?
- A decoração é apropriada?
- Os materiais promocionais facilitam a escolha do cliente?
- Garante ao cliente determinado nível de privacidade?
- Oferece conveniências para o cliente, como café, água, telefone e banheiro?
- Tem sinalização adequada para que o cliente consiga se localizar?
- Oferece estacionamento?
- Facilita o acesso a produtos e serviços?

- Oferece boas condições de trabalho para o atendente?
- Oferece ao cliente opções para esclarecer suas dúvidas?

Olhando para a checklist anterior, é possível pensar em algumas estratégias de melhoria para a empresa. Muitos pensam que são apenas detalhes ou exageros, mas são esses diferenciais – e mais alguns outros – que fazem a empresa prestar um atendimento tão bom, que resulte em uma experiência de compra personalizada.

Os clientes são pessoas, que normalmente estão em rotinas exaustivas, trabalhando cada vez mais e recebendo uma enxurrada de informações por vários canais, como TV e internet. Isso faz que sua atenção seja fragmentada em muitos assuntos ao mesmo tempo. Muitas coisas estão competindo pelo tempo livre desses clientes. A personalização faz a compra ser mais rápida, eficiente e conveniente, coisas que são muito valorizadas atualmente.

Ir além da produção em massa, oferecer programas de fidelidade e recompensa e personalizar a comunicação por e-mail são três dicas bem importantes, detalhadas a seguir, que podem servir como ideias para as empresas buscarem essa personalização.

A produção em massa, em alguns casos, é a razão de ser da empresa, como por exemplo do McDonald's, pois um cliente sabe que, mesmo estando na Inglaterra ou no Brasil, as batatas fritas são praticamente as mesmas. Mas para certos produtos e serviços a produção em massa não é uma boa saída. Joias, por exemplo, têm maior valor quando produzidas em baixa escala, com exclusividade e designs personalizados. A empresa pode aproveitar o valor da personalização? É importante pensar sobre isso.

Oferecer um programa de fidelidade ou recompensa é uma forma de mostrar ao cliente que a empresa valoriza seu negócio. A Amazon, por exemplo, é uma empresa que faz isso, oferecendo um programa de fidelidade onde há recompensa de envio grátis, dentre outros benefícios. Há alguma possibilidade de sua empresa oferecer algum programa de fidelidade e recompensa?

Uma das principais coisas que as empresas do comércio eletrônico podem fazer é personalizar os e-mails. Conforme o Experian (citado por PEREIRA, 2021), e-mails personalizados são abertos com uma taxa de 29% a mais do que os não personalizados. É possível incluir o nome, comportamentos de compras, mas é importante cuidar das informações para evitar a invasão de privacidade, pois o objetivo é que o cliente não se sinta exposto, mas sim conhecido. Encontrar o equilíbrio certo é um desafio.

Investir na satisfação do cliente e deixar de pensar somente nas receitas, buscando oferecer experiências de compras personalizadas que fidelizem os clientes, é como um investimento a longo prazo, que vale a pena, pois o retorno e o reconhecimento posteriores serão muito maiores do que se a empresa não procedesse dessa forma.

2.5 FIDELIZE A RELAÇÃO COM O CLIENTE

A fidelidade de um cliente é importante para qualquer empresa. Segundo informações da pesquisa Officina Sophia Retail, clientes fiéis tendem a gastar 70% mais que novos clientes. E muitas vezes é 10 vezes mais caro conquistar um novo cliente do que manter um cliente que já faz negócios com a empresa (MEDEIROS, 2014).

Mas o que é a lealdade de um cliente? É o quanto ele está disposto a continuar se envolvendo e comprando o produto da empresa. Fidelizar clientes é algo que torna a receita segura, pois, como mencionado no início deste capítulo, clientes fiéis tendem a gastar mais. Além disso, eles beneficiam a captura de novos clientes, pois são mais propensos a recomendar a empresa para outras pessoas, tornando-as possíveis clientes.

Existem alguns níveis de satisfação do cliente:

- **insatisfeito** – quando o cliente sente que sua necessidade não foi atendida.

- **ligeiramente satisfeito** – o cliente sente que algumas necessidades foram atendidas, mas a maioria não.

- **satisfeito** – o cliente recebeu o que necessitava, ou seja, obteve o que esperava.

- **muito satisfeito** – o cliente recebeu algumas surpresas agradáveis, além do que ele necessitava.

- **extremamente satisfeito** – todas as expectativas do cliente foram superadas.

Mas como alcançar os níveis de muito satisfeito e extremamente satisfeito e ter como consequência disso a fidelização de seus clientes?

Melhorar a experiência do cliente, mesmo que talvez seja necessário cobrar um pouco mais por isso, pode ser algo positivo. Conforme Medeiros (2014), a pesquisa Officina Sophia Retail verificou que aproximadamente 86% dos clientes estão dispostos a pagar mais por mais qualidade de produto ou serviço. É importante estar atento em quais pontos a empresa pode melhorar, lembrando que um cliente insatisfeito comenta com muitas pessoas sobre sua experiência negativa.

Determinar os melhores canais de comunicação, deixando o cliente sempre próximo, é essencial para que ele se sinta acolhido. Mas, antes de tudo, é importante analisar e conhecer as plataformas, para decidir qual é a melhor para ser utilizada.

E-mail é algo interessante para clientes que não estão presentes nas redes sociais. Mídias sociais são uma ferramenta importante para aqueles clientes que querem uma comunicação rápida, inclusive marcando a rede social da empresa em alguns comentários e postagens. Webchat é uma ferramenta útil para funcionários do atendimento aos clientes. É possível programar recursos do chat para redirecionar automaticamente os clientes a perguntas úteis, e também responder previamente a algumas questões. E mesmo com toda a tecnologia e modernidade, não é possível deixar de lembrar de um recurso muito útil, que é o telefonema, pois o contato é mais direto quando a conversa ocorre por telefone, tornando a conexão com o cliente mais profunda.

Independentemente do canal de comunicação escolhido, o que mais importa é adequar e escolher a forma que melhor se adapta à necessidade do cliente, lembrando que uma boa comunicação reflete em confiança e lealdade. Além disso, manter o tom de voz, expressões, interações adequadas ao público que a empresa atende são atitudes muito importantes para obter uma comunicação eficiente. Normalmente receber clientes com um sorriso no rosto faz que eles gastem mais do que aqueles clientes que não foram bem recebidos. Um pequeno detalhe, mas que tem um impacto enorme.

Os programas de fidelização já foram citados anteriormente como pontos positivos para o relacionamento com o cliente. Como forma de fidelização, podemos citar:

- **programa de pontos** – quando o cliente compra um produto ele recebe pontos por essa compra. Esses pontos se acumulam e ele pode trocar por produtos ou outros benefícios.

- **programa de gastos** – envolve a quantidade gasta por esse cliente, como por exemplo quando ele gasta acima de R$ 100,00 e tem frete grátis.

- **programa VIP exclusivo** – com uma taxa mensal, o cliente entra em um grupo exclusivo e tem alguns benefícios, como descontos ou ofertas especiais.

Os sistemas de recompensa são interessantes, pois além de fidelizarem o cliente, fazem que ele se esforce para alcançar determinado status.

Outra forma muito importante de conseguir fidelizar o cliente é buscar seu feedback. Perguntar a ele a opinião sobre a empresa, acompanhar suas avaliações e ouvir as reclamações são atitudes ótimas para descobrir no que a empresa está acertando e no

Normalmente receber clientes com um **sorriso no rosto** faz que eles gastem mais do que aqueles clientes que não foram bem recebidos. Um pequeno detalhe, mas que tem um impacto enorme.

que deve melhorar. A atenção aos comentários online, da leitura à resposta, também é importante, pois demonstra que a empresa o valoriza.

Oferecer planos de pagamento diferenciados e de acordo com as necessidades dos clientes também é algo que fortalece a relação com o cliente, como por exemplo: o restaurante de Lucas, mencionado anteriormente, é contratado como buffet de um casamento, e oferece aos seus clientes a opção de pagar parcelado pelos meses que antecedem o evento. É uma opção diferenciada de pagamento que é boa para a empresa e para o cliente, e que demonstra ao cliente o quanto a empresa se preocupa em se ajustar às suas necessidades.

Clientes tendem a comprar de empresas com as quais eles percebem uma conexão emocional. E como conseguir isso? A empresa precisa fazer o cliente sentir que o encontro agregou algo à sua vida.

Algumas dicas podem auxiliar a empresa nessa conexão:

- **conhecer o cliente** – deixá-lo confortável e tranquilo para que a conversa flua livremente.

- **iniciar a conversa** – descobrir quais são as coisas que importam para o cliente, fazendo boas perguntas, pedindo recomendações ou até mesmo conselhos.

- **agradecer o cliente** – agradecer pelo tempo que ele esteve na empresa, pela visita, pela conversa, pela sugestão.

- **conversar sobre assuntos que interessam ao cliente** – após um contato ou alguns dias depois, faz com que o cliente se sinta importante e não apenas mais um número.

Algumas marcas que fazem muito sucesso investiram em fidelização e hoje têm, além de clientes, fãs. Esforçar-se para oferecer uma experiência de compra memorável, alcançar essa conexão emocional com os clientes, contribui para a construção de relacionamentos duradouros, torna o cliente sempre presente e, consequentemente, fiel.

AGORA É COM VOCÊ!

Hora de colocar a mão na massa. Neste momento, olhe para a sua empresa já existente ou pense no negócio que deseja criar e reflita se está no caminho para propiciar experiências positivas aos seus clientes quando os atende. Preencha as três checklists a seguir para avaliar o atendente, o atendimento e o ambiente em que o cliente é atendido.

Perfil do atendente

Checklist

( ) Dá boas-vindas ao cliente?

( ) É educado e cortês?

( ) Mostra boa vontade no trato com os clientes?

( ) Dá toda atenção ao cliente?

( ) É rápido e atende de imediato?

( ) Conhece bem o seu trabalho, as rotinas da empresa e presta orientação segura?

( ) Evita termos técnicos?

( ) Não dá ordem aos clientes?

( ) Chama um superior em caso de necessidade específica?

( ) Evita atitudes negativas?

( ) Fala a verdade ao cliente?

( ) Dedica atenção e empenho às reclamações, demonstrando boa vontade em resolver problemas?

( ) Tem cuidado com o ambiente de trabalho?

( ) Demonstra preocupação e interesse?

( ) Sabe reconhecer e lidar com ansiedades?

( ) Sabe tirar proveito de situações delicadas?

( ) É prestativo e dinâmico?

( ) É adequadamente remunerado?

( ) Demonstra satisfação pelo trabalho?

Perfil do atendimento em si

Checklist

( ) Prevê sistemas de filas organizadas, que evitem longa espera?

( ) Oferece informações corretas, precisas, atualizadas e seguras?

( ) É automatizado?

( ) É desburocratizado?

( ) Não discrimina qualquer classe social?

( ) Não admite "jogo de empurra"?

( ) Dá retorno/feedback ao cliente, por diferentes canais de comunicação?

( ) Cumpre prazos?

( ) Antecipa informações de interesse do cliente?

( ) Permite sistema de hora marcada?

O ambiente de trabalho

Checklist

( ) O ambiente é organizado, limpo e as instalações estão em boa qualidade?

( ) A mobília é apropriada e adequada às questões de acessibilidade?

( ) Apresenta uma combinação de cores adequada?

( ) A iluminação é de boa qualidade?

( ) É arejado?

( ) Há espaço disponível para o cliente?

( ) A decoração é apropriada?

( ) Os materiais promocionais facilitam a escolha do cliente?

( ) Garante ao cliente determinado nível de privacidade?

( ) Oferece conveniências para o cliente como café, água, telefone, banheiro?

( ) Tem sinalização adequada para que o cliente consiga se localizar?

( ) Oferece estacionamento?

( ) Facilita o acesso a produtos e serviços?

( ) Oferece boas condições de trabalho para o atendente?

( ) Oferece ao cliente opções para esclarecer suas dúvidas?

Não há limites para
aquele que **sonha** e
organiza sua mente
para avançar.

CAPÍTULO 3
PAGAMENTOS

Lucas, Bruna e tantas outras pessoas querem empreender por motivos como realização pessoal e profissional, busca por independência e flexibilidade de rotina, mas, principalmente, para obter lucro. Não significa que valorizem mais o dinheiro, mas é porque sem ele não é possível manter a empresa estável, fazer o negócio girar e crescer.

Resumidamente, o lucro é o excedente entre a receita – o dinheiro que entra –, e as despesas – o dinheiro que sai. Então, não é só o valor que a empresa recebe pelos pagamentos que os clientes efetuam, ok? É a diferença entre ele e os gastos que a empresa tem. É importante ressaltar isso, pois alguns empresários têm uma visão equivocada sobre a rentabilidade da empresa e, com isso, geram uma espécie de bola de neve financeira que leva a empresa à falência.

Falando em lucro, algumas empresas não visam lucro. São empresas sem fins lucrativos e que prestam algum serviço público à sociedade, por exemplo. Em muitos casos, a renda vem de doação em dinheiro ou venda de seus produtos, mas de qualquer forma também precisam administrar muito bem suas finanças para manter a organização funcionando.

Chiavenato (2004) diz que as empresas precisam de dinheiro por vários motivos, como para as instalações, ou, no caso de um e-commerce, para os softwares, para as máquinas e os equipamentos, as matérias-primas, o salário dos colaboradores, o recolhimento de impostos etc. Sendo assim, é possível refletir que a questão financeira é algo muito importante para a saúde da empresa.

3.1 PAGAMENTO ONLINE, VANTAGENS E DESVANTAGENS

No capítulo 5 você verá mais sobre gestão financeira, mas aqui refletirá sobre uma das formas da entrada de dinheiro em uma empresa, que é pelo pagamento que seus clientes fazem. No restaurante do Lucas, os clientes pagam direto no caixa do restaurante. Mas de que forma eles podem pagar? Na loja virtual da Bruna, como esse processo de pagamento ocorre? No e-commerce, as opções de pagamento são semelhantes às de uma venda presencial?

Ambos os comércios citados podem trabalhar com meios eletrônicos de pagamento. Segundo o Sebrae (2018), os meios de pagamento eletrônicos são instrumentos utilizados para pagar compras realizadas na internet ou de forma presencial. Podem ser *Operações Bancárias*, como Transferência de Crédito ou Débito Direto, *Mobile banking e payment* (em que tudo é feito pelo celular ou por aproximação do celular ou por aplicativos) ou *Cartões de Pagamento.* As opções de cartões de pagamento são várias, como:

- cartão de débito;
- cartão de crédito;
- cartão private label (cartão de crédito de loja, emitido por um varejista e válido para compras nas lojas que emitiram o cartão);
- cartão múltiplo (cartão de crédito e débito no mesmo plástico);
- cartão co-branded (cartão de crédito de loja, porém feito em parceria com uma instituição financeira. Então o cliente pode comprar na loja, mas também em outros locais que aceitem a bandeira daquele cartão);
- e-money (dinheiro eletrônico).

Existe ainda a opção do faturamento por e-mail, em que a empresa compartilha por e-mail um formulário ou um link de pagamento, redirecionando o cliente para um portal de pagamento. Porém, esse sistema pode não ser muito eficiente, considerando que o e-mail não é a forma mais confiável de comunicação e pode fazer com que o cliente não se sinta seguro ao pagar por e-mail.

Quando um cliente está comprando em um negócio e-commerce e chega na fase de pagamento, já é algo muito bom para a empresa. Mas então chega um ponto muito delicado, que é a finalização da compra. Na fase de checkout, muitos clientes não efetuam o pagamento e abandonam o carrinho de compras.

Isso acontece por vários motivos, como: taxas de envio, impostos que não ficam muito claros quando o cliente está escolhendo os produtos, etapas extra – como necessidade de criar uma conta –, desconfiança, falta de opções de pagamento ou checkout complicado. O que a Bruna e as demais pessoas que têm negócios e-commerce podem fazer para melhorar os processos que envolvem a finalização da compra e o pagamento do cliente?

Investir em um sistema de pagamento online, estudar e buscar mais conhecimento sobre esse assunto são coisas muito importantes para a empresa que quer buscar uma maneira diferente e mais eficaz de coletar dinheiro. Uma excelente opção para isso é a empresa Idealpay, acessível pelo site https://idealpay.io/. Cada vez mais é possível perceber que utilizar um bom sistema de pagamento online traz benefícios para a empresa:

- independentemente do tamanho da empresa, se o sistema de pagamento aceitar várias moedas, é possível vender para qualquer cliente do mundo.

- oferecer a facilidade para o cliente pagar por aplicativos móveis, como Google Wallet, Paypal e Apple Pay, aumenta a oportunidade de atingir seu público-alvo.

- se a empresa cobra taxas mensais de seus clientes ou opera com algum tipo de assinatura, o investimento em algum sistema de pagamento online pode automatizar o processo de cobrança.

Um sistema de pagamento online facilita o gerenciamento das vendas da loja virtual. Escolher o fornecedor com atenção, observando se oferece credibilidade, transparência e objetividade, possibilita que o cliente realize os pagamentos com eficácia e segurança (ADMINISTRADORES, 2018).

Quem está atuando no e-commerce precisa prestar atenção em alguns detalhes ao escolher o sistema de pagamento (ADMINISTRADORES, 2018):

- a etapa de finalização da compra, o checkout, deve ser prática, ágil e transparente.

- utilizar boletos registrados, pois além de serem mais seguros, têm a compensação otimizada e as compras são liberadas mais rapidamente.

- a plataforma deve flexibilizar as opções de parcelamento, dando autonomia à empresa para definir o número de parcelas que quer disponibilizar como opção para seus clientes.

- é interessante que o sistema permita a criptografia e o salvamento de dados do cartão no site da loja virtual, caso o cliente queira salvar seus dados, e assim possa comprar com um clique.

- pagamentos com cartão nacional e internacional devem ser aceitos sem maiores burocracias.

- é importante que calcule automaticamente juros e multas por critérios estabelecidos, caso o pagamento ocorra com atraso na data de vencimento.

- notificações de pagamento disparadas automaticamente são valiosas e bem-vistas pelos clientes, mas também por quem tem um negócio e-commerce. O sistema pode emitir uma notificação sempre que a empresa receber um pagamento.

- bons pagadores, com histórico quantitativo de compras dentro da loja, recebem automaticamente descontos, conforme as políticas da empresa de descontos para clientes VIP.

Os clientes querem escolher seus produtos com facilidade e de forma rápida, e têm pressa desde o primeiro acesso ao site, passando pelo carrinho de compras até o pagamento. Durante todo esse percurso, a experiência que eles tiveram resultará em fidelização e recompra. E embora o processo precise ser ágil, é extremamente importante oferecer:

- **segurança**. Atenção para que a plataforma seja segura e não ofereça nenhum risco de roubo ou fraude de informações financeiras confidenciais.

- **conforto**. Praticidade em buscar, selecionar, comprar e pagar por produtos sem sair de casa.

- **eficiência**. Clientes buscam por sites eficientes. O site precisa ser prático, assim como o sistema de pagamentos. Dessa forma, a eficiência da empresa será percebida pelos clientes.

- **automação**. Agilidade, facilidade, e a maneira como o cliente é acompanhado e tratado durante todo o momento que está no site colaboram para a sua fidelização.

A construção da credibilidade do site é um desafio, considerando que as fraudes são uma realidade. Um em cada três compradores hesita em comprar online por temer fraudes e problemas com questões de segurança de seus dados. Mas a empresa pode se destacar positivamente perante seus concorrentes caso tenha um sistema de pagamento com medidas de segurança de primeira linha e métodos de pagamentos variados, considerando que isso é algo que o cliente valoriza muito.

Segundo Chaves (2018) existem cinco formas de tornar o pagamento online mais seguro.

- **Instalar certificados de segurança**

  O Secure Socket Layer (SSL) é um certificado básico para oferecer pagamento online. Ele transforma o endereço do site de "http" para "https". O acréscimo do "s" no final indica que o site é seguro.

Os clientes querem escolher seus produtos com **facilidade** e **de forma rápida**, e têm pressa desde o primeiro acesso ao site, passando pelo carrinho de compras até o pagamento. Durante todo esse percurso, a experiência que eles tiveram resultará em **fidelização** e **recompra**.

@josepaulogit

- **Adotar uma ferramenta antifraude**

  Sistemas antifraude identificam possíveis golpes que podem ocorrer em estágios sensíveis do e-commerce, como o checkout.

- **Informar as regras de pagamento com clareza**

  É preciso que as informações de política de trocas e devoluções, políticas de pagamento e políticas de privacidade estejam presentes no site de forma bem clara para os clientes. Isso evita reclamações e dúvidas e aumenta a satisfação do cliente com o site.

- **Investir na experiência do usuário**

  O checkout também deve ser bem claro e dividido em etapas bem-sinalizadas. Os selos de segurança devem estar visíveis ao longo do checkout. Isso melhora a experiência do usuário e aumenta a confiabilidade da empresa.

- **Evitar o redirecionamento**

  É ideal manter o cliente na mesma página do site para concluir a compra, evitando redirecionar o cliente para outra página para fazer isso.

As fraudes e as taxas são riscos do mundo dos pagamentos online. Por isso, é interessante se inteirar sobre o que pode ser feito pela empresa para minimizar esses riscos.

Existem dois tipos de fraudes online que a empresa precisa estar ciente: fraude de aquisição e fraude de roubo de identidade.

A fraude de aquisição ocorre quando a conta do cliente no site de comércio eletrônico da empresa é invadida. O criminoso utiliza as informações salvas na conta do cliente para efetuar compras não autorizadas.

A fraude de roubo de identidade ocorre quando uma compra é realizada no site com dados roubados do cliente.

Algumas outras ações podem ser tomadas pela empresa para impedir essas fraudes, que são: monitorar transações, definir limites de compras e exigir senhas mais duras.

Além disso, segundo o Sebrae (2014), existem mais algumas precauções que o empresário pode tomar caso suspeite de fraudes:

- ligar para o telefone informado no cadastro do cliente e solicitar que ele confirme as informações da compra;

- validar o nome e o CPF em sistemas como o da Receita Federal ou de proteção de crédito;

- gravar o IP do computador do cliente, além da hora e data da transação. Comparar os dados do endereço de entrega com o endereço do IP do cliente;

- quando se tratar de venda com valor muito alto, solicitar ao cliente que envie uma cópia da fatura via e-mail. E é importante monitorar e arquivar os e-mails trocados com o cliente.

As taxas, que são outro risco mencionado anteriormente, variam conforme o provedor e de acordo com os recursos que a empresa contratou ou necessita. A maioria dos provedores cobra uma taxa por transação ou uma taxa de intercâmbio. A taxa de transação pode ser uma pequena porcentagem do custo total da transação. A taxa de intercâmbio é uma taxa paga entre os bancos para aceitar transações de cartões. É interessante ter atenção em relação ao valor das taxas por transação, assim como ao limite de transações a serem efetuadas no mês, por exemplo.

Várias dicas foram mencionadas anteriormente sobre o que pode ser feito para otimizar o processo de pagamentos online, como evitar fraudes e demais problemas. Mas como saber qual é o modelo ideal para a empresa? Para obter essa resposta, é preciso refletir sobre:

- quantas transações tenho no mês?

- qual é o método de pagamento que meus clientes mais utilizam?

- eu quero aceitar pagamentos do exterior?

- muitos dos pagamentos são recorrentes?

Antes de fazer a seleção do sistema que utilizará, é importante responder a essas perguntas, lembrando sempre que o site precisa ser adaptado ao cliente da empresa, sendo seguro, funcional e fácil de navegar.

3.2 ENTENDA O CRÉDITO RECORRENTE

O pagamento recorrente é uma modalidade de pagamento na qual a empresa pode cobrar seus clientes periodicamente e de forma recorrente. Para que ocorra é necessário que o cliente autorize a empresa a realizar ações como descontar todo mês na conta corrente do cliente ou cobrar automaticamente na fatura de cartão de crédito do cliente determinado valor referente a produtos ou serviços. A autorização do cliente deve ocorrer uma única vez, antecipadamente, e então, na data de vencimento, a empresa realiza a cobrança, evitando problemas com juros por atraso. A cobrança é suspensa quando o cliente determinar o cancelamento da permissão.

Essa modalidade de pagamento é vantajosa, pois é uma forma confiável de o dinheiro entrar na empresa mensalmente, reduz despesas de cobrança de contas, além de não ser necessário gasto com cobrança de inadimplentes. Os custos com a procura dos clientes que estão inadimplentes devem ser considerados, pois além de envolverem dinheiro, custos com os contatos e atraso na entrada das receitas, envolvem tempo, algo que é muito valioso para a empresa.

Algumas dicas são importantes em relação ao pagamento recorrente:

- é importante ter uma plataforma digital para realizar as operações, que tenha proteção contra fraudes e que possa prevenir a ocorrência de crimes cibernéticos.

- antes de contratar a plataforma, se certificar de que ela atende todos os requisitos que a empresa necessita, como por exemplo receber pagamentos em moeda internacional, determinados cartões etc.

Os pagamentos por assinatura simplificam processos de faturamento e oferecem para o cliente um checkout muito mais tranquilo e sem problemas com inserção de dados em cada ciclo do faturamento. Depois que o cliente autoriza um plano de pagamento automático, o dinheiro sai de sua conta automaticamente sem que ele precise fazer nada. Como o faturamento acontece eletronicamente e requer pouca ou nenhuma manutenção, o custo para conseguir um novo cliente é uma única despesa, beneficiando muito a empresa – financeiramente, com previsões mais corretas sobre os valores que entrarão, com relação à economia de tempo e possibilitando a criação de um relacionamento com o cliente.

Em uma loja e-commerce de cosméticos, como no caso da Bruna, ela poderia oferecer um sistema de assinatura, para que mensalmente seus clientes recebam shampoos, condicionadores, sabonetes e demais produtos de higiene e beleza, conforme suas preferências e escolhas no momento da assinatura do pacote. Normalmente o cliente fornece um cartão de crédito para ser salvo, onde as despesas referentes à assinatura serão cobradas automaticamente até que o cliente cancele a assinatura.

E como a empresa de Bruna poderia fazer isso funcionar? Algumas empresas podem fazer isso acontecer:

- *gateway* de pagamentos para processar pagamentos online com segurança;
- processadores de pagamento all-in-one, que são empresas que fornecem o pagamento recorrente;
- software contábil, no qual é possível enviar para o cliente uma fatura online, o que é ótimo para a redução do consumo de papel;
- plataforma de gerenciamento de assinatura, que normalmente é mais cara e indicada para empresas com negócios de maior volume. Mas é uma ferramenta por meio da qual a empresa pode gerenciar cancelamentos, problemas com cartão do cliente, alterações e ajustes na assinatura.

Depois de a empresa escolher uma das opções citadas, vai seguir alguns passos para implementar o faturamento recorrente:

- adicionar uma página de pagamento hospedada à sua empresa web existente via código ao site da empresa. Se preciso, contatar um técnico para isso.
- integrar ao site um *gateway* de pagamento, a exemplo do authorize.net.
- adicionar um serviço de gerenciamento de assinaturas à conta de comerciante existente.
- configurar pagamentos recorrentes por meio do processador de pagamento.
- permitir opções de pagamento recorrentes no painel de seu processador de pagamento.

Além do exemplo da loja virtual de cosméticos de Bruna, existem mais algumas outras empresas que podem utilizar pagamento recorrente:

- aulas e tutoriais;
- academias;
- saúde e bem-estar;
- comida e bebida;
- itens essenciais domésticos;
- serviços de limpeza de casas;
- aplicativos e empresas SAS;
- filmes e séries de televisão via streaming;
- acessórios;
- coaching e consultoria;
- artesanato e arte;
- jogos e colecionáveis.

Souza (2019) fala que o pagamento recorrente ou, como ela chama, receita recorrente, é uma forma de garantir o planejamento financeiro de forma previsível. O cliente utiliza o produto ou serviço por tempo suficiente e desenvolve segurança na empresa e certa dependência dela, demonstrando satisfação e interação. O débito automático, a conveniência, a praticidade e a confiança trazem comodidade para o cliente e ele se acostuma com essa "boa vida". Então, ele prefere manter essa qualidade a renunciar a ela. Souza (2019) comenta que a indisposição de cancelar o contrato traz mais desgaste do que esperar o período do contrato acabar, então o cliente normalmente opta por esperar pelo término do acordo.

Quintas (2016) traz algumas sugestões de como a empresa pode incorporar essa ideia:

- **modelos de assinatura –** faz que o cliente volte a comprar da empresa novamente, todas as semanas ou todos os meses.

Uma estratégia pode ser oferecer assinaturas grátis por um período, criando um efeito de rede de divulgação.

- **oferecer serviços**;

- **fazer lançamentos e criar programas de fidelidade** – a estratégia pode ser fazer lançamentos periodicamente.

A estratégia do pagamento recorrente é algo que ajuda a empresa na fidelização dos clientes, na elaboração do planejamento e na parceria estratégica. Não se trata apenas de vender o produto ou serviço, mas de vender resultados e a forma como serão alcançados, gerando expectativa no cliente.

"Pensar fora da caixa" é uma expressão muito utilizada que significa sair da sua zona de conforto – pensar como pode fazer diferente determinada ação –, e é uma estratégia muito importante para identificar como uma pequena empresa pode utilizar os pagamentos recorrentes de forma produtiva e lucrativa, que podem ser semanais, mensais ou trimestrais, com o objetivo de aumentar as vendas e regular o fluxo de caixa.

3.3 TENHA UM SOFTWARE PARA RECEBER PAGAMENTOS

Segundo Maciel (2012), existem dois tipos de sistemas de pagamento no mercado: *gateways* de pagamentos e intermediários de pagamentos. Os mais conhecidos, como PagSeguro, Pagamento Digital, Paypal e Moip não são *gateways* de pagamentos, mas sim intermediários de pagamento, o que é diferente.

Mas o que são *gateways* de pagamento? Maciel (2012) diz que os *gateways* surgiram para reduzir tempo e custos de desenvolvimento e de operação, e oferecem mais controle sobre os pagamentos. Segundo ele, as principais características de um *gateway* são:

- se adaptar a praticamente qualquer tipo de processo de cobrança e checkout;

- simplificar a conexão com a loja virtual diretamente com operadoras e bancos;

- fornecer ferramentas para a empresa fazer a gestão financeira e de riscos.

Uma empresa virtual precisa oferecer aos clientes várias formas de realizar pagamentos, se não perderá clientes e dinheiro. Sempre haverá despesas com algumas taxas, mas existem formas de receber pagamentos online gratuitamente e de reduzir custos de processamento de pagamentos.

Um bom sistema ajuda a empresa virtual, de acordo com Maciel (2012), a:

- integrar-se de forma simples com outros sistemas;

- prestar um atendimento profissional;

- obter painel e relatórios gerenciais de fácil configuração e em um só lugar;

- ter recursos e serviços avançados, como comprar com 1 clique, pagar com 2 cartões, realizar a cobrança recorrente, fazer a conciliação financeira, estornar pagamentos, redundância da operadora para aumentar a aprovação dos pagamentos;

- controlar fraudes, com ferramentas de gestão de riscos.

- possibilidade de convênios com operadoras e bancos, mediante pequenas taxas de transação.

O *gateway* de pagamento deve oferecer liquidação rápida de pagamentos, opções de pagamento diversas, como crédito, débito, PIX, criptomoeda etc. em um fluxo com segurança nas informações e livre de problemas nas transações.

Segundo Quintero (2015), o *gateway* de pagamento funciona como um intermediário, mas quem recebe o pagamento é diretamente a loja virtual. Como a empresa é independente, precisa realizar suas próprias precauções, conforme falado anteriormente; precisa contratar um serviço externo antifraude, um serviço de certificado digital SSL.

E como funciona na prática o *gateway* de pagamento?

- **Passo 1**: o cliente, após realizar a compra, é direcionado para fazer o pagamento no mesmo site, inserindo os dados de seu cartão de crédito/débito.

- **Passo 2**: os dados do cartão são criptografados de forma segura com a criptografia SSL, e são enviados entre o navegador e o servidor web da empresa.

- **Passo 3**: a empresa encaminha os detalhes da transação para o *gateway*, por meio de uma conexão criptografada SSL, ao servidor hospedado pelo *gateway* de pagamento.

- **Passo 4**: o *gateway* de pagamento converte a informação recebida, encaminhando uma mensagem de transação para o processador de pagamento usado pelo banco de aquisição da empresa.

- **Passo 5**: o processador de pagamentos encaminha informações da transação para a associação de cartões.

- **Passo 6**: em seguida, o banco emissor do cartão de crédito recebe a solicitação de autorização, verifica o crédito ou o débito disponível e, em seguida, envia uma resposta de volta ao processador (via processo mesmo que para a autorização) com um código de resposta (ou seja, aprovado ou negado). O código de resposta também ajuda a comunicar o motivo no caso de uma transação fracassada, por exemplo, por fundos insuficientes.

- **Passo 7**: em seguida, o processador encaminha a resposta de autorização para o gateway, e o gateway recebe a resposta e a encaminha para a interface usada para processar o pagamento.

- **Passo 8**: a empresa então cumpre a ordem e esse processo pode ser repetido, mas desta vez para "limpar" a autorização, consumando a transação.

- **Passo 9**: a empresa submete todas as suas autorizações aprovadas em um "lote" (fim do dia), ao seu banco de aquisição, para liquidação via processador.

- **Passo 10**: o banco adquirente faz a solicitação de liquidação em lote do emissor do cartão de crédito.

- **Passo 11**: o emissor do cartão de crédito faz um pagamento de liquidação ao banco adquirente (no dia seguinte, na maioria dos casos).

- **Passo 12**: o banco adquirente deposita posteriormente o total dos recursos aprovados na conta indicada do comerciante (no mesmo dia ou no dia seguinte). Pode ser no mesmo banco ou em banco diferente, conforme necessidade do comerciante.

São muitos os benefícios vistos ao longo deste capítulo e muitas opções para receber os pagamentos dos clientes. Mas, antes de Bruna, Lucas ou qualquer outro empreendedor escolher qual sistema utilizará para receber, controlar e gerenciar suas receitas, precisa olhar para o seu próprio negócio, enxergar as suas particularidades e necessidades e então optar por algo que seja adequado aos seus clientes e a sua realidade.

AGORA É COM VOCÊ!

Hora de colocar em prática o que viu até aqui. Neste momento, olhe para a sua empresa já existente ou pense no negócio que deseja criar e assinale na checklist a seguir quais meios de pagamento utiliza e quais pretende utilizar. Isso ajudará você a pensar nos próximos passos para viabilizar esses meios de recebimento diferenciados.

	Já disponibilizo	Quero disponibilizar
Dinheiro em espécie		
Cartão de Débito		

	Já disponibilizo	Quero disponibilizar
Cartão de Crédito		
Pagamento recorrente com cartão de crédito		
Cheque		
Transferência online		
Pix		
Boleto bancário		
Crediário		
Intermediador de pagamento PayPal, Pagseguro. Mercado Pago		
WhatsApp Pay		

Preciso pesquisar mais sobre

_____

_____

_____

_____

Esse meio de pagamento é importante para minha empresa?

_____

_____

_____

_____

CAPÍTULO 4

COMO VENCER A CONCORRÊNCIA

Será que é importante o empreendedor conhecer quem são os concorrentes da empresa, ou basta ele realizar o seu trabalho, atender de forma eficiente e excelente seus clientes, para ter sucesso nos negócios?

No caso de Lucas, é interessante que ele conheça outros restaurantes da região, para saber o que servem, como atendem seus clientes, como organizam seus layouts, quais são os preços dos pratos etc.? No caso de Bruna, é importante que ela entre no site de lojas de cosméticos para ver como organizam as informações, como são os processos de checkout de pagamento, valores dos produtos etc.? Ou não é necessário e precisam se preocupar somente com o que eles fazem em suas empresas?

Esse capítulo motivará reflexões importantes sobre os concorrentes, sendo que para a empresa se sobressair sobre eles é preciso compreender quem eles são.

4.1 EXPLORANDO A CONCORRÊNCIA

Segundo o Sebrae (2014), ninguém está sozinho no mercado, por mais inovador que o negócio seja. Entretanto, os concorrentes não devem ser olhados como inimigos, mas sim analisados de forma racional.

De forma simples, é possível dividir os concorrentes em dois grupos (SEBRAE, 2017):

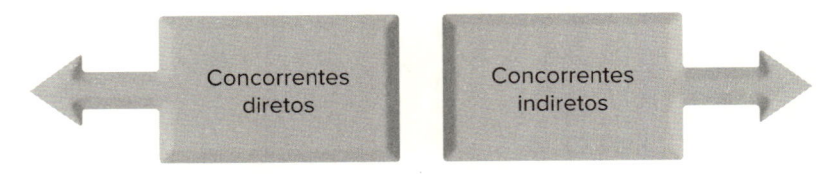

4.1.1 CONCORRENTES DIRETOS

É concorrente direto aquele que oferece produtos iguais aos da sua empresa, atua no mesmo ramo, com foco no mesmo nicho de mercado (parcela de um mercado consumidor). No caso do restaurante de Lucas, os restaurantes que atendem um público igual ao dele, que oferecem marmitas, buffet e, de certa forma, os mesmos pratos, com preços mais acessíveis, são seus concorrentes diretos.

4.1.2 CONCORRENTES INDIRETOS

É concorrente indireta a empresa que oferece produtos semelhantes, que tem o mesmo perfil de consumidor. Seguindo o mesmo exemplo anterior, restaurantes que aplicam preços mais elevados e com uma cozinha mais elaborada, servindo pratos *a la carte*, por exemplo, são os concorrentes indiretos de Lucas.

Observe que ambos os concorrentes procuram clientes que querem comprar alimentos/refeições, mas atendem públicos um pouco diferentes.

Analisando os concorrentes mais a fundo, o Sebrae os divide em:

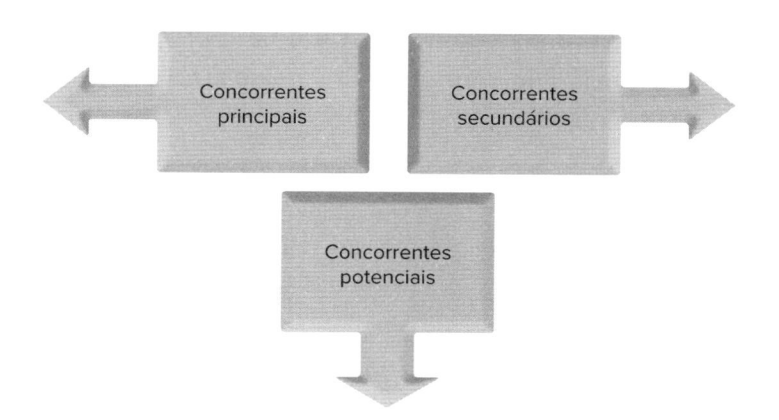

O Sebrae aponta que é interessante iniciar observando os **principais concorrentes**, que são os líderes no mercado que você atua, os que dominam o mercado. Provável que sejam aqueles nos quais a empresa esbarra quando busca novos clientes. No caso de Lucas, são os outros restaurantes da região e, no caso de Bruna, são outras lojas online que vendem cosméticos. Mais alguns exemplos: se for uma frutaria, são outras frutarias do bairro; se for uma floricultura, são outros floricultores localizados a uma certa proximidade da loja; e se for uma assistência técnica de celulares, são outras empresas desse segmento naquela região.

E depois de observar os principais concorrentes, é preciso olhar para os concorrentes secundários. Mas quem são eles? No caso do restaurante, pode ser aquele que vende apenas comida vegana. No caso da loja de cosméticos, pode ser um site que venda apenas maquiagens. E falando da floricultura, pode ser o departamento de floricultura de um supermercado ou uma loja do bairro que vende apenas rosas.

É possível observar como a quantidade de concorrentes a serem analisados vai aumentando?

Além dos dois tipos citados anteriormente, é necessário olhar para os concorrentes em potencial, que são empresas com as quais a sua empresa precisa estar preparada para concorrer, pois estão se organizando para entrar no seu mercado. Por exemplo: se o negócio for uma banquinha de rua que vende frutas e verduras, é necessário olhar para franquias que vendem esses produtos, pois elas podem atuar na sua região em determinado momento.

Quando é identificado e analisado o perfil dos concorrentes citados, fica um pouco mais fácil a definição de estratégias de vendas, a comunicação fica mais afinada, e a empresa é conduzida para um posicionamento de mercado mais sólido.

Observar em que aspectos o concorrente não é bom, no que ele falha e quais são suas atitudes negativas pode gerar oportunidades para a empresa não cometer esses mesmos erros e se destacar positivamente. Assim como é importante definir outras estratégias e pensar sobre o que precisa melhorar.

Mas antes de olhar para fora, para os seus concorrentes, será que não é importante o proprietário ou o gestor olhar para seu cliente e para dentro da sua própria empresa? A atenção no que o concorrente faz é muito importante, mas é fundamental olhar para a sua empresa e principalmente para seu cliente, ouvindo o que ele tem a dizer sobre o que espera de seus produtos ou serviços.

O Sebrae (2015) aponta que conhecer atenta e detalhadamente seu produto ou serviço, ter consciência sobre o seu porte, explorar e se inteirar sobre o local e o ambiente em que atua, analisar criticamente a sua capacidade de atendimento, dentre outros pontos importantes para o desenvolvimento de seu autoconhecimento, são tarefas que precisam ser executadas antes de fazer a análise de seus concorrentes.

Depois de feita essa análise, é possível olhar para outras empresas, por meio de pesquisas de mercado ou por observação, e descobrir quais são as semelhanças e diferenças com sua empresa.

O Sebrae traz algumas dicas sobre como analisar a concorrência, partindo do princípio de que nenhuma empresa está sozinha e que tem concorrentes, por mais inovadores que sejam seus produtos ou serviços.

- Quais produtos ou serviços são substitutos aos que sua empresa vende? Para isso, é preciso pensar sobre qual a finalidade do produto para o cliente e o que pode substituí--lo e então elaborar estratégias de **diferenciação**.

- **Conhecer** quais são os atributos e preços que o concorrente oferece e pratica. Cruzar as informações sobre o que o cliente valoriza *versus* as funções e características do produto ou serviço (internas e externas).

Se citarmos como exemplo a loja virtual de Bruna, uma forma de aplicação dessa **estratégia** seria efetuar uma compra em um site concorrente, para verificar preços, prazos de entrega, navegabilidade do site etc.

- Buscar **fontes externas de informação**, em notícias, associações comerciais, no próprio site da concorrência e principalmente com os clientes. Blogs e redes sociais também são ótimos lugares para buscar informações sobre os concorrentes. Inclusive, nesses locais é possível ver a opinião dos clientes nos comentários e avaliações que deixam sobre os produtos.

- Realizar ***benchmarking*** em outras empresas se refere a conhecer o funcionamento delas mais de perto. Nem sempre as empresas abrem as portas para desconhecidos, então uma opção é conhecê-las como cliente.

- **Posicionar** a empresa mostrando para que veio e qual é o mercado-alvo com o qual compete pode ser uma estratégia para se fortalecer perante os concorrentes. Entretanto, em alguns casos isso pode ser um tanto arriscado, como no exemplo que o Sebrae traz, do lançamento do Toyota Lexus com o slogan: "Tão bom quanto um Mercedes, mas pela metade do preço". Isso mostrou com quem a empresa quer concorrer e como é a sua competitividade – neste caso, um tanto agressiva.

Os tópicos anteriores levam à reflexão sobre como é possível conhecer mais os concorrentes, mas isso não é algo feito uma única vez. É um processo contínuo. E ainda existem algumas outras questões que precisam ser pesquisadas com frequência pela empresa, segundo o Sebrae (2015), e elas dizem respeito a:

- identificar quais são os principais pontos para se tornar mais competitivo e se diferenciar da concorrência com relação a: preço, localização, comunicação, produtos, serviços, atendimento, especialização e personalização.

- avaliar a estrutura pensando se com uma mais enxuta é possível ser melhor que o concorrente.

- identificar quais necessidades dos clientes os concorrentes não estão atendendo e o que a empresa pode fazer para atendê-las.

Uma forma de fazer essa análise de uma maneira organizada é utilizar a Análise SWOT, que foi citada anteriormente. Segundo Dornelas (2021, p. 168) com a análise SWOT a empresa poderá enxergar seus fatores de sucesso e focá-los ao longo de sua gestão. Aqui vamos olhar para a Análise SWOT ou FOFA (Forças, Oportunidades, Fraquezas e Ameaças) para tentar conhecer mais o concorrente.

Forças	**Fraquezas**
Olhando para dentro da sua empresa, quais são as forças que sua empresa tem perante os concorrentes? O que ela pode fazer para potencializar essa força e assim obter um diferencial?	Olhando para dentro da sua empresa, quais são as fraquezas que sua empresa tem perante os concorrentes? E o que ela pode fazer para transformar essas fraquezas em forças?
Oportunidades	**Ameaças**
Olhando para fora da empresa, quais oportunidades existem e que podem ser exploradas por ela?	Olhando para fora da empresa, quais ameaças existem e o que pode ser feito para minimizá-las?

Estar atenta a esses tópicos faz que a empresa enxergue melhor seu concorrente e aprenda com ele, mas é importante ressaltar que jamais se deve olhar primeiro para o concorrente, e sim para o seu cliente – ouvir o que ele quer, busca e deseja.

4.2 DICAS PARA SER MAIS COMPETITIVO

No mundo dos negócios, nenhuma empresa está sozinha, sempre está acompanhada de várias oportunidades e também de ameaças, que aparecem sem nenhum aviso prévio. Saber o que fazer com elas para ser cada vez mais competitivo é um grande desafio.

Um grande número de pequenas e médias empresas está se saindo muito bem e segue em expansão, ganhando cada vez mais espaço e importância no cenário econômico (CHIAVENATO, 2004). Hoje, empreendedores, desafiando as dificuldades e os obstáculos que aparecem em seu dia a dia, transformando as ameaças em oportunidades, "arregaçam as mangas" e vão atrás de seus sonhos.

Mas há uma diferença entre as empresas que dão certo e as que se perdem pelo caminho, e a diferença quase sempre está no planejamento, na organização e na condução do negócio em harmonia com as tendências de mercado (CHIAVENATO, 2004, p. 249).

A velocidade com que as coisas mudam é muito grande e o mundo de competição entre as empresas é muito acirrado. É uma corrida, como diz Chiavenato (2004, p. 249), na qual uns seguem à frente, outros correm atrás e outros ainda ficam parados e perdidos sem saber para onde ir. E não podemos nos esquecer daqueles que saem antes da largada. Mas aqui não é algo negativo. São os que se antecipam às mudanças. Então, o empreendedor precisa ter de forma clara em sua mente o lugar que quer ocupar nessa corrida.

É importante lembrar que uma vitória não deve ser considerada como algo final, ou seja, dessa vez a empresa saiu na frente do concorrente, mas para permanecer competitiva e em primeiro lugar na cabeça do cliente deve continuar a pensar em seu negócio como

Mas há uma diferença entre as empresas que dão certo e as que se perdem pelo caminho, e a diferença quase sempre está no **planejamento,** na **organização** e na condução do negócio em **harmonia com as tendências de mercado** (CHIAVENATO, 2004, p. 249).

algo único e diferenciado. Segundo Chiavenato (2004, p. 250), "diferencial significa oferecer um benefício singular e exclusivo, cujo valor o cliente percebe e está disposto a pagar para comprar".

A competitividade no mercado deve ser uma busca constante a ser realizada pela empresa. Segundo Favari (2020), não existe uma fórmula para isso, e em tempos de crise é algo que se torna mais desafiador. Mas existem algumas dicas para dar uma reviravolta quando a demanda está baixa, buscando a competitividade de que tanto falamos.

- **Estudar o mercado**

  Atenção às tendências de mercado e ao que a concorrência tem feito. É interessante ser mais focado do que generalista, para obter uma melhor receptividade do mercado.

- **Buscar diferenciação**

  Muitas empresas permanecem competitivas no mercado devido à sua criatividade. Para se destacar é preciso ter um diferencial, e um caminho para isso pode ser agregar valor ao produto ou serviço, assim, já receberá maior pontuação em comparação com os concorrentes — às vezes são detalhes que fazem a diferença, como investir em uma embalagem diferente, educar o público sobre algum benefício de seu produto, realizar entregas etc.

- **Ter uma política voltada para o cliente**

  Ouvir o cliente e definir estratégias para satisfazê-lo certamente é algo que destacará a empresa de seus concorrentes. Focar a ideia de vender além de um produto, uma experiência positiva, é algo que torna a empresa mais competitiva.

- **Focar suas energias no negócio**

  Analisar todos os procedimentos da empresa e pensar no que e quais podem ser melhorados. O tempo é mais um desafio a ser enfrentado pelo empreendedor, portanto, é preciso se organizar para conseguir fazer essa análise. Ter tempo para compreender o mercado e definir estratégias é algo fundamental para conquistar clientes, atendê-los de forma satisfatória e ser competitivo.

- **Investir em marketing**

    Após feitas as análises mencionadas e definidas mudanças para ser mais competitivo, é hora de divulgar o que a empresa está fazendo para se destacar. Aí entra o marketing. É importante estar presente em redes sociais, enviar e-mails, fornecer informações relevantes sobre a empresa, aparecer de forma positiva para fazer o cliente lembrar da empresa, pois o empreendedor não pode deixar que ela seja esquecida.

Outro assunto importante que torna a empresa mais competitiva é buscar a melhoria de qualidade e produtividade. Chiavenato (2004) diz que qualidade e produtividade caminham juntas e que qualidade é algo que dá valor ao produto ou serviço, e o adequa às expectativas do cliente, pois é ele quem determina esse padrão de qualidade e está disposto a pagar por isso. Já a produtividade está relacionada a produzir mais, melhor, com resultados melhores e com menos recursos (esforços, tempo, custos).

Uma empresa que tem altos índices de qualidade e produtividade é uma empresa mais competitiva e mais forte perante seus concorrentes, pois essa qualidade e produtividade não dizem respeito somente à produção em si. No caso do restaurante de Lucas, a qualidade e a produtividade não estarão relacionadas somente à produção dos alimentos na cozinha, mas a todos os processos, desde a chegada do cliente no restaurante e até mesmo antes disso, quando ele passa na frente do restaurante e vê uma propaganda da empresa.

Para aumentar a competitividade focando a qualidade e a produtividade, alguns fundamentos básicos são apresentados por Chiavenato (2004), e eles estão relacionados a:

- **informação intensiva** – diz respeito a compartilhar informação com todos, não somente com gerente, proprietário da empresa – alto escalão. Todos os níveis hierárquicos devem participar do processo.

- **atitudes baseadas em fatos e dados** – buscar informações e dados reais para tomadas de decisão, pois o sistema de tentativa e erro pode sair caro para a empresa.

- **administração por processos** – olhar para cada processo e pensar como eles podem ser melhorados, desde a criação, passando pela produção, manutenção, venda e pós--venda, observando quais atividades agregam valor e quais não agregam e desperdiçam tempo e recursos.

- **redução de variações** – a qualidade reduz variações, e quando tudo está funcionando de uma forma mais equilibrada e eficiente os produtos tendem a ser produzidos de uma mesma forma, com a mesma qualidade. Por exemplo, o arroz servido no restaurante sempre está em um padrão de temperatura, cozimento e sabor adequado ao padrão de qualidade que Lucas implementou.

- **trabalho em equipe** – sem ele, é impossível que uma empresa tenha sucesso. Para ela se destacar e ser competitiva, precisa de pessoas comprometidas com a melhoria dos resultados. Chiavenato (2004) diz que esse engajamento e afinidade só podem ser alcançados quando a empresa é transparente com seus colaboradores. Ligando com o primeiro tópico apresentado aqui, o de compartilhar informações, explicando os motivos e os porquês, é algo que faz os funcionários compreenderem a sua importância e o seu valor, e o que precisam fazer para alcançar os resultados esperados, além de terem mais iniciativa para resolver os problemas que surgem – de forma eficiente.

- **reconfiguração da estrutura empresarial** – uma hierarquia rígida já foi muito útil no passado, mas atualmente o que se torna um diferencial para a empresa é a flexibilidade de equipes de trabalho atuando em rede. Para isso, é preciso investir em treinamentos e em conscientização das pessoas envolvidas.

Competitividade também está relacionada e aliada com sustentabilidade. Mostrar com ações concretas que a empresa se preocupa com a sociedade e com o meio ambiente é uma tarefa de todas as empresas, independentemente do porte. Uma gestão competitiva investe em sustentabilidade. Richardson (2019) traz algumas orientações sobre como fazer isso. Inicialmente é necessário fazer um diagnóstico da empresa, observando e mapeando as atividades que podem gerar impacto negativo ao meio ambiente. O Sebrae (2015) apresenta uma cartilha sobre sustentabilidade, bem completa, a qual está disponível no QR code a seguir.

Nessa cartilha há algumas sugestões de indicadores para avaliar como está o desempenho ambiental da empresa. É importante analisar os tópi-

Cartilha
Gestão sustentável nas empresas

https://www.sebrae.com.br/Sebrae/Portal%20Sebrae/UFs/AP/Anexos/Sebrae_Cartilha2ed_Gestao_Sustentavel.pdf.

cos a seguir, pensando no consumo por colaborador e no consumo gerado pelo principal produto produzido:

- consumo de matéria-prima por colaborador;
- geração de determinado resíduo;
- consumo de água mensal;
- consumo de energia elétrica mensal.

Depois de analisados os índices dos indicadores, é preciso pensar em estratégias para redução. Em um restaurante, quais ações poderiam ocasionar um grande consumo de energia, por exemplo? Será que a pintura interna e o investimento em adequação do ambiente para receber mais luz natural seriam formas de reduzir esse consumo? E com relação à geração de resíduo? Qual seria o melhor destino das sobras de alimentos para melhorar esse índice de desempenho ambiental?

Depois de feitas reflexões como essas, a empresa deve tratar suas atividades de forma planejada para reverter seus impactos negativos em positivos.

De acordo com o Richardson (2019), é interessante que a empresa estabeleça metas para eliminar, minimizar ou compensar:

- o consumo de energia elétrica e combustível;
- o consumo não controlado de água;
- descartes incorretos de sobras de produção, lâmpadas fluorescentes, lixo, embalagens e cartuchos de impressoras etc.

Além do estabelecimento de metas para eliminar alguns pontos negativos, é importante que a empresa esteja atenta para o inesperado, realizando treinamentos para situações emergenciais, documentando resultados, para saber como está a preparação da empresa para enfrentar esses desafios. Também precisa haver conhecimento sobre a legislação ambiental aplicada aos seus serviços, produtos, processos e instalações (RICHARDSON, 2019).

Para ter um diferencial e fortalecer ainda mais sua competitividade, é fundamental que a empresa crie projetos de forma voluntária, desenvolvendo parcerias para implantar ou apoiar ações que contribuam para solução de problemas ambientais, como: aquecimento global, utilização de recursos naturais, reutilização de materiais, reciclagem e recuperação dos ecossistemas.

4.3 O QUE ATRAI OS CLIENTES

Algumas empresas focam o produto e pensam em como ajustá-lo ao cliente, ou seja, de dentro para fora. Porém, quando a empresa toma a decisão de definir suas ações de fora para dentro, do ponto de vista do cliente que faz parte do seu público-alvo, e não do produto, tende a ser mais assertiva e ter mais sucesso no alcance de seus objetivos. Segundo Chiavenato (2004, p. 121), há duas questões fundamentais para motivar essa reflexão, olhando para os clientes que compõem o público-alvo da empresa:

- Para quem trabalhamos? Quem é o cliente?
- O que é importante para ele? O que tem valor para o cliente?

Depois de refletir sobre essas duas perguntas, é possível olhar para o produto ou serviço e adequar ao que o cliente precisa, como em um processo inverso ao tradicional – quando olhamos para o produto e pensamos em quem tem interesse em comprá-lo. Nesse caso, o ponto de partida, segundo Chiavenato (2004), é o produto ou o serviço, mas utilizando a perspectiva do cliente para adequar o produto às necessidades dele, e não o contrário – tentar adequar o cliente ao produto. Quando a empresa busca compreender o seu pú-blico-alvo, tende a realizar ações que atendam às suas expectativas e reais necessidades.

Mas onde estão esses clientes? Como encontrar os clientes certos para a empresa, para ouvi-los e pensar nos próximos passos?

Prospectar clientes significa ir atrás dos clientes certos para a empresa, e o Endeavor (2021) apresenta algumas reflexões sobre como fazer essa prospecção:

- estudar o cliente previamente para verificar se o produto se encaixa no que ele está buscando, oferecendo o produto a quem precisa.
- prospectar não é vender, então a visita ao cliente não deve ser encarada como um processo de venda. Isso pode afas-tá-lo. Nesse momento, deve-se focar a construção de um relacionamento comercial.
- clientes atuais podem conduzir a futuros clientes, portanto é importante ouvi-los. As indicações podem vir de forma es-pontânea ou ter uma estratégia de indicações.

- olhar para o portfólio e verificar há quanto tempo cada cliente não compra ou frequenta a empresa, para então retomar contatos, programar visitas, e principalmente para entender o motivo que estavam sem comprar. Dar atenção para esses clientes que estão afastados é muito importante, tanto quanto conseguir novos clientes.

- estar online, na rede social da empresa em um blog, no site, no WhatsApp. É importante utilizar esses canais de divulgação.

- conhecer o cliente, pesquisando sobre ele e mostrando o quanto ele é importante para a empresa.

- visitar feiras e participar de palestras, pois são um ótimo lugar para networking, além de deixarem você por dentro das tendências de mercado.

- otimizar o tempo de quem recebe as informações da empresa, preparando conteúdos relevantes para divulgar na rede social ou em newsletters.

- tenha um script ao visitar novos clientes com algumas questões sobre as quais vai conversar, lembrando de estar disposto a ouvir atentamente e de estar aberto ao diálogo.

- definir os próximos passos, buscando uma data para um próximo encontro, pois um contato permanente gera confiança.

E quando pensamos nos clientes que já compram da empresa, como continuar a atraí-los além de buscar novos clientes? Graciotti (2019) apresenta dicas importantes sobre como atrair clientes. São reflexões relacionadas a ambiente, organização e a outras ações que o empreendedor pode fazer para que os clientes se sintam encantados ao passar por uma experiência agradável quando se relacionam com sua empresa:

- desenvolver uma fachada atrativa que chame a atenção do público e passe uma boa imagem da empresa. Explorar a ambientação da loja. Investir, por exemplo, em paisagismo, pintura, iluminação, letreiro, não esquecendo de questões de acessibilidade. No caso de um site, pensar com carinho na página inicial, que é a fachada da empresa, na disposição das informações, cores, estilos de letra etc.

- investir na comunicação visual, incluindo, por exemplo, placas de promoção, embalagens, disposição dos móveis, sinalizações internas etc.

- começar a usar materiais promocionais que são indispensáveis para atrair clientes, como por exemplo adesivos promocionais, displays, banners e folders. Utilizar as redes sociais, como Instagram, WhatsApp etc.

- posicionar os produtos em locais estratégicos. Devem ser de fácil acesso, mas bem posicionados e não organizados de forma aleatória. Em um e-commerce, por exemplo, pensar sobre como organizar as informações nas páginas – em que ordem os produtos aparecerão, como serão as fotos etc.

- oferecer produtos e serviços de qualidade, pois isso é fundamental para atrair, fazer com que os clientes continuem comprando da empresa e comentem positivamente sobre ela com outras pessoas.

- treinar a equipe para realizar atendimentos excelentes, pois isso cativa os clientes. Em um e-commerce, as respostas rápidas, educadas e explicativas são fundamentais para o cliente ter uma boa imagem da empresa.

- investir na iluminação do PDV (ponto de venda) é algo para ser reforçado. Não é apenas para a estética do ambiente, mas sim algo que influencia diretamente o bem-estar do cliente dentro da empresa. Pontos de luz localizados estrategicamente estimulam os clientes. No caso de um e-commerce, avaliar se a iluminação das fotos dos produtos está adequada.

- inovar e mudar alguns detalhes na empresa sempre que puder. Realizar mudanças pontuais pode renovar a energia e atrair clientes.

- investir em ofertas e fazer o cliente saber disso. Clientes amam uma promoção, mas é importante que a empresa tenha uma estratégia ao utilizar esse recurso e divulgue-o com intensidade assim que o fizer.

- criar estratégias de fidelização de clientes com um pós-venda eficiente.

As dicas anteriores levam a empresa a alcançar diferenciação para ser competitiva. E algo que a torna extremamente diferenciada é quando trabalha em uma inovação disruptiva, o que atrai de forma bem intensa os clientes, que em um primeiro momento nem sabiam que precisavam daquele produto, pois ele ainda não existia daquela forma como foi concebido.

Segundo Kuviatkoski (2018) a expressão "inovação disruptiva" foi criada por Clayton M Christensen, professor de Administração na Harvard Business School e significa a inovação em uma tecnologia, produto ou serviço com características disruptivas em vez de evolutivas. É algo original, inédito e transformador, que atrai os clientes de uma forma incrível.

Um exemplo disso é o WhatsApp. Algo totalmente inovador, que não existia antes, quando as pessoas utilizavam o SMS. Outro exemplo é o Nubank, que veio como inovação disruptiva para os bancos.

A transformação de empresas tradicionais em disruptivas pode acontecer e alguns autores apresentam quatro estágios, conforme comenta Kuviatkoski (2018), que são: detecção, clareza, transformação inevitável e normalização.

Para a detecção, é necessária uma boa visão de futuro, pois se refere a observar os indícios de inovação no mercado. Muitas empresas não tomam uma atitude porque têm medo de inovar.

A clareza se refere a quando o negócio já foi validado, mas, como é novo, é preciso garantir que a disrupção tenha autonomia e se fortaleça em relação ao negócio tradicional.

Quando o novo modelo de negócio se torna autônomo e estabiliza, é normal que o novo negócio se torne mais promissor que o primeiro; então, é preciso distribuir recursos entre os investimentos tradicionais e inovadores.

Quando o negócio escala e tem o crescimento estabilizado há o que se chama de normalização.

Tornar uma empresa disruptiva é algo desafiador e arriscado, mas os benefícios podem ser infinitamente maiores. Essa estratégia aumenta a atração de clientes, a competitividade e as oportunidades de negócio e diminui custos.

Olhar para as reclamações dos clientes pode ser um bom começo para pensar em soluções simples, baratas e eficazes, que podem gerar ideias disruptivas, que atraem cada vez mais clientes e tornam a empresa competitiva e promissora.

4.4 FRUTIFIQUE O SEU EMPREENDIMENTO

Quem fica parado não produz, quem não produz não cresce. Para empresa produzir e crescer, é preciso semear e cultivar, para colher bons frutos. Falamos em empresa para englobar todas as pessoas que fazem parte dela, pois sem pessoas uma empresa não existe.

Para ser um empreendedor é preciso coragem para enfrentar riscos e, em muitos casos, também é um dom, pois com essa atividade há a possibilidade de mudar para melhor a sua própria vida e a vida de outras pessoas.

Trabalhar com dignidade e honestidade com os clientes e colegas de trabalho é algo que gera muito mais do que lucro financeiro. Com esse comportamento vem um sentimento de dever cumprido, de satisfação por estar dando o seu melhor, por ser produtivo e de gratidão pelo dom que é empreender.

Empreender é como o serviço de um jardineiro ou de um agricultor que, além de semear, regar, tem uma tarefa muito importante, que é a de remover as ervas daninhas que podem danificar toda a sua plantação – em muitos casos, a desonestidade.

Bravin (2015) comenta que infelizmente muitos empreendedores acham que conseguem resultados melhores enganando os colaboradores, prometendo coisas que não podem cumprir, ocultando informações, mentindo sobre as intenções. Esse comportamento é muito prejudicial e tem um efeito contrário ao que esses gestores pensam. Não conseguem engajamento de seus funcionários, não têm a confiança e comprometimento deles, pois a relação é construída em cima de mentiras.

Honestidade, de acordo com Bravin (2015), é conquistar a confiança do outro com lealdade, sem segundas intenções, para que as pessoas reconheçam a sinceridade e a credibilidade ali presentes.

Muitas situações desagradáveis podem ser evitadas na empresa se o gestor abrir o jogo com os seus subordinados, mantendo uma comunicação aberta e livre, inclusive quando há algum desafio ou problema a ser resolvido. Essa honestidade deixa os colaboradores mais empáticos e com real vontade de ajudar a solucionar o problema.

Bravin (2015) comenta que em uma empresa o gestor precisa das pessoas para produzir, pensar e criar, e isso não significa que será uma gestão de pulso fraco. Pelo contrário. Uma atitude firme, que demonstra caráter, que não aceita corrupção, fará com que a equipe se orgulhe do líder e que siga seus bons exemplos, replicando-os.

Se o gestor ou empreendedor quer fortalecer a relação com seus subordinados, o caminho é a honestidade, a transparência, o diálogo aberto e sincero. Os funcionários vão seguir e se inspirar em alguém que cause uma influência positiva neles, que tenha atitudes legítimas e verdadeiras. Uma pessoa que tenha atitudes honestas e autenticas oriundas de sua criação, de sua fé e alinhadas a sua filosofia de vida.

AGORA É COM VOCÊ!

Hora de colocar a mão na massa. Neste momento, olhe para a sua empresa já existente ou pense no negócio que deseja criar e reflita sobre os concorrentes.

Quem são seus concorrentes?

Quem são os
concorrentes diretos

_____

_____

_____

_____

Quem são os
concorrentes indiretos

_____

_____

_____

Quem são os concorrentes principais

_____

_____

_____

_____

Quem são os
concorrentes secundários

_____

_____

_____

Quem são os
concorrentes potenciais

_____

_____

_____

O poder da paciência: você pode estar lutando por dois anos, sem nenhum resultado, e no terceiro ano ter **o maior sucesso do planeta**.

O poder de nunca desistir é real. Siga em frente e tenha **paciência**.

CAPÍTULO 5

GESTÃO FINANCEIRA E CONTÁBIL

Quando falamos em ser dono do próprio negócio, em que área o empreendedor encontra mais dificuldade? Onde está o seu maior desafio?

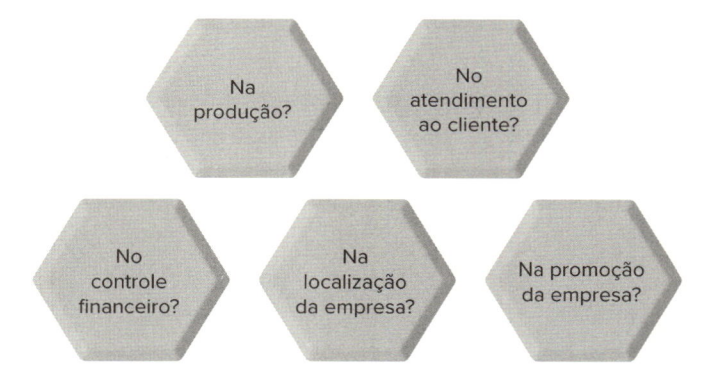

Precisamos do dinheiro para tudo e, quando ele não é bem administrado, as coisas ficam complicadas. Isso vale tanto para a vida empresarial quanto para a pessoal. E considerando que, em muitos casos, o empreendedor mistura as suas finanças pessoais com as da empresa, de forma descontrolada, o cenário fica ainda mais crítico.

Segundo Costa (2021) muitos gestores não compreendem muito bem as áreas contábil ou financeira de suas empresas, e não procuram conhecimento sobre isso, o que faz 60% dos negócios fecharem as portas com até 5 anos de atividade. Em alguns casos, o empreendedor foca explorar o marketing, o relacionamento com clientes, o desenvolvimento de seus produtos, mas esquece dessa parte tão importante que é a contabilidade e o financeiro.

5.1 POR QUE A CONTABILIDADE É IMPORTANTE?

Assim como quem explora outras áreas da empresa, como produção ou marketing, tem destaque e se sobressai, quem foca contabilidade e finanças também alcança um diferencial perante seus concorrentes.

Mas como a contabilidade é importante para a empresa? Costa (2021) responde que existem três fatores a considerar:

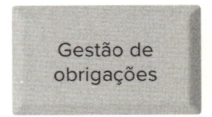 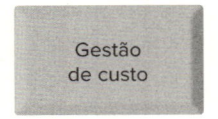 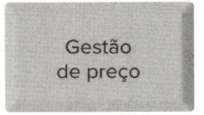

Gestão de obrigações   Gestão de custo   Gestão de preço

O conhecimento em contabilidade é importante para a empresa gerir adequadamente as suas obrigações. Em alguns casos, a falta de controle dessa área leva a empresa a perder dinheiro, pagar multas e, consequentemente, ir à falência.

No caso da produção dos alimentos do restaurante de Lucas, ele precisa realizar vários trabalhos como receber a nota pela compra dos produtos, lançar em seus sistemas e arquivar de forma organizada. Precisa organizar a gestão de seus estoques com controles em um documento, seja eletrônico ou manual (em um papel/caderno). Também necessita organizar a folha de pagamento de seus colaboradores que participam daquele processo produtivo. Além disso, na área de vendas do restaurante, precisa emitir notas fiscais para os clientes, registrar o fluxo de caixa, dentre outras obrigações.

É fato que muitas empresas optam por terceirizar essa parte relacionada a notas fiscais, folha de pagamento etc., e contratam uma empresa de contabilidade para realizar essa gestão. Mas será que não é importante o empreendedor ter conhecimento para saber o que solicitar à empresa terceirizada e para acompanhar se tudo está sendo controlado como deveria? Além disso, ao emitir as notas fiscais para os clientes, Lucas precisa estar por dentro do funcionamento desse processo, até para realizar adequadamente a atividade.

Além da gestão de obrigações, compreender contabilidade é importante para a empresa realizar a gestão de seus custos e a gestão de preço.

Já imaginou se Bruna não tiver controle sobre qual é o valor de cada produto que colocará em seu site para venda? Por qual valor ela deve vender cada produto para que não tenha prejuízo?

A gestão dos custos é algo importante para qualquer negócio, independentemente de seu tamanho, e influencia diretamente sua competitividade. Uma análise errada aqui pode ocasionar perda de dinheiro e problemas financeiros bem sérios. Portanto, é preciso saber os fatores que compõem o seu custo e ter na ponta do lápis os custos dos produtos, considerando valor da mercadoria, fretes, embalagens etc. para tomar decisões adequadas e saber o momento certo de realizar cada ação.

Segundo o Sebrae (2018), os custos dentro do negócio são importantes tanto para a produção dos serviços ou produtos quanto para ter controle sobre os gastos necessários para o negócio funcionar. Esses custos podem ser fixos ou variáveis, e podem ser diferenciados da seguinte forma:

- **custos variáveis** – aqueles que variam conforme a produção ou quantidade vendida, por exemplo os custos que a Bruna tem com as embalagens de seus produtos.

- **custos fixos** – são os que, independentemente do aumento ou diminuição de demanda, permanecem constantes, como conta de água, aluguel, material de limpeza, salários.

Manter os custos fixos baixos e os variáveis altos é um indicador de sucesso do negócio.

Um custo muito alto pode fazer que a empresa precise repassar esse custo para o cliente, impactando negativamente sua rentabilidade e competitividade, o que já foi abordado no capítulo 4. Em contrapartida, saber exatamente quais são os custos pode ajudar Bruna a pensar em estratégias para diminuí-los ou para investir, buscando lucro a longo prazo.

Com a contabilidade o empreendedor tem mais controle sobre a gestão dos preços que aplica em seus produtos – algo que é uma grande dúvida para a maioria dos empreendedores. Conforme o exemplo da loja virtual de Bruna, é algo que impactará totalmente a prosperidade da empresa. Infelizmente, em alguns casos, o preço é determinado por "achismo" – o empreendedor pensa em vender o produto por determinado valor sem estudar se aquele preço é rentável. Então, é importante buscar conhecimento e ter cautela sobre esse assunto, pois existem várias estratégias para administrar o preço do produto, sendo que a atenção ao custo é um primeiro passo extremamente importante.

Observamos que as atividades citadas não estão diretamente relacionadas a preparar e servir alimentos ou à venda de cosméticos online, mas sim à contabilidade e ao financeiro da empresa. É possível perceber então que existem muitos detalhes aos quais o empreendedor precisa estar atento e, se não tiver conhecimento sobre o assunto, deve buscar compreender, para sua empresa prosperar ao invés de fracassar.

5.2 ENTENDENDO MAIS SOBRE CONTABILIDADE

A gestão da contabilidade é muito mais que calcular impostos. É a organização das informações de uma forma que elas sirvam como base para tomadas de decisão e definição das estratégias da empresa (ENDEAVOR, 2015).

Os dados gerados com a gestão contábil se tornam informações valiosas que, quando bem utilizadas, dão suporte para tomada de decisões, como por exemplo, por qual preço vender o produto. Empréstimos, contratações, declaração de impostos, investimentos, entrada e saída de valores, além de outros controles, possibilitam acompanhar o desenvolvimento e desempenho da empresa.

O profissional que será responsável por essas áreas da empresa, contabilidade e financeira, precisa ser de confiança, competente e ético, pois ali é onde ocorre o controle das finanças da empresa. Um colaborador que se familiarize com a cultura da empresa e que seja comprometido, que auxilie nas tomadas de decisão, deve ser valorizado, pois não é uma função muito fácil de ser preenchida nas empresas.

De acordo com Macario (2019), em Boston (EUA), há uma tendência de contabilidade que enfatiza a classificação da função contábil em três níveis diferentes:

1. **nível técnico** – compliance: é o básico da contabilidade, envolvendo contábil, físico e Departamento Pessoal.

2. **nível consultor** – consultoria para desempenho: em um nível consultivo, o contador está mais próximo da empresa, se tornando um serviço mais valorizado.

3. **nível conselheiro** – consultoria estratégica: o contador é visto de forma valorizada e aconselha a empresa em suas estratégias.

Em muitas empresas, as atividades da contabilidade, quando não são terceirizadas, são feitas de forma informal pelo empreendedor. Grilletti (2018) aponta para a importância de reduzir essas práticas informais, pois em alguns casos a empresa precisa buscar um investimento, mas não se certifica antes se as contas estão em ordem, e não se programa para quitação deste valor. Falta de controle do caixa, desatenção ao inventário, falta de controle no estoque, podem ser um problema para a empresa, em vários aspectos, inclusive é algo que impacta negativamente o conceito dela perante os bancos.

Empreender requer ter ou construir um conhecimento horizontal do negócio, sobre diversos assuntos que servirão de complemento para consolidar, fortalecer e diferenciar a empresa (CARIBÉ, 2020). Conhecer alguns termos contábeis é imprescindível para o bom andamento e crescimento da empresa.

Ao pensar em formalizar a empresa, é necessário primeiro conhecer os quatro tipos de nomenclatura que diferenciam a empresa quanto a sua natureza jurídica. Segundo Dau (2021), essa definição irá determinar quais impostos precisam ser pagos, dentre outras especificações, como o limite do faturamento anual do negócio, além de algumas diferenciações citadas no quadro a seguir.

Algumas diferenças entre empresas MEI, EI, Eireli e SLU			
MEI	**EI**	**Eireli**	**SLU**
Microempreendedor Individual	Empresa Individual	Empresa Individual de Sociedade Limitada	Sociedade Limitada Unipessoal
Limite de faturamento anual do negócio: R$ 81 mil	Até R$ 4,8 mi	Até R$ 4,8 mi	Até R$ 4,8 mi
O proprietário não pode participar de outra empresa como sócio, administrador ou titular. Pode ter um funcionário.	O patrimônio do proprietário é atrelado ao negócio e não há limite de quantidade de funcionários.	O capital social declarado deve ser 100 salários mínimos vigentes.	Dispensa sócios, não exige valor mínimo para abertura e separa o patrimônio pessoal do empreendedor do patrimônio da empresa.

Outro assunto importante a ser pensado pelo empreendedor é sobre a diferença entre tributos, impostos, taxas e contribuições.

Você já pensou sobre isso? Caribé (2020) explica algumas dessas diferenças. Primeiro, é importante pensar de onde vêm os recursos financeiros do governo brasileiro. O governo precisa de uma fonte financeira para manter funcionando a máquina pública e prestar seus serviços. A captação do dinheiro (a fonte) a ser utilizado para o país se manter é feita por meio dos tributos cobrados do povo brasileiro. Os impostos, as taxas e as contribuições são formas de tributos, conforme ilustrado a seguir.

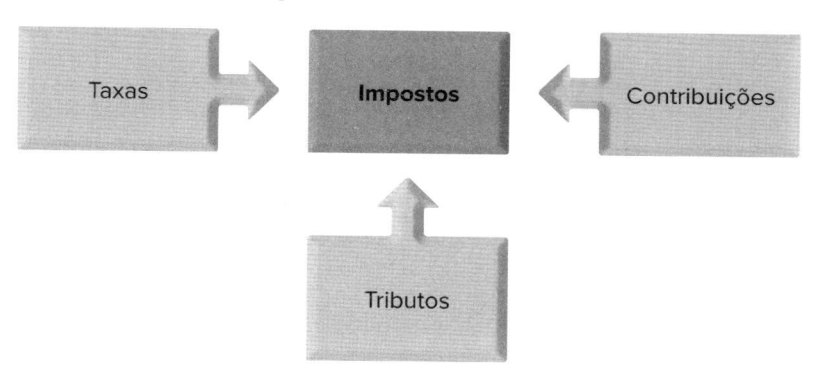

Segundo o artigo 3º do Código Tributário Nacional, "Tributo é toda prestação pecuniária, compulsória, em moeda ou valor que nela possa ser expresso, que não seja decorrente de ato ilícito, presente em lei, e que seja cobrada mediante atividade administrativa plenamente vinculada".

O imposto não precisa de uma destinação prévia para um fim, como outros tributos. Ele será destinado àquela causa que o Estado julgar mais necessária ou apropriada. Como o nome já diz, é um tributo imposto ou obrigatório, e é com ele que o Estado paga suas despesas administrativas e diversos serviços são prestados à população (CARIBÉ, 2020).

É importante o empreendedor ter conhecimento sobre os principais tributos existentes, e eles são:

- **Imposto Sobre Serviço de Qualquer Natureza (ISS)** – o fato gerador refere-se à prestação contínua de serviços.

- **Imposto Sobre a Renda e Proventos de Qualquer Natureza (IR – Pessoa Física e Jurídica)** – tributo que incide sobre o rendimento dos contribuintes.

- **Imposto sobre a Propriedade Predial e Territorial Urbana (IPTU)** – incide sobre a propriedade territorial urbana e predial, sendo o fato gerador a propriedade. Deve-se frisar que esse imposto é de competência dos municípios.

- **Imposto sobre Circulação de Mercadorias e Serviços (ICMS)** – esse imposto incide sobre prestações de serviços de transporte interestadual, intermunicipal e de comunicação.

- **Imposto sobre Operações de Crédito (IOF)** – caso você realize operações de crédito, seguros, câmbios e afins, haverá a incidência desse imposto.

- **Imposto sobre a Propriedade de Veículos Automotores (IPVA)** – aquele que incide sobre os proprietários de veículos. Seu pagamento deve ocorrer anualmente.

Devido à especificidade de alguns serviços públicos, há a necessidade de uma fonte financeira para que eles possam ser realizados. A taxa então é um tributo a ser instituído pela União, Estados, Distrito Federal e Municípios, conforme previsto no artigo 145 da CF/88. Caribé (2020) exemplifica, mencionando o alvará que os empreendedores precisam pagar para sua empresa poder funcionar. Outro exemplo é a taxa paga pela limpeza pública; em contrapartida, recebe-se o serviço prestado.

Campanha (2016) comenta que taxa, de acordo com o Artigo 77 do CTN, é um tributo que "tem como fato gerador o exercício regulador do poder de polícia, ou a utilização, efetiva ou potencial, do serviço público específico e divisível, prestado ao contribuinte ou posto à sua disposição". Como mais alguns exemplos de taxas, podemos citar, de acordo com Campanha (2016):

- **TFE** – Taxa de Fiscalização de Estabelecimento –esfera municipal;

- **TLIF** – Taxa de Localização, Instalação e Funcionamento – esfera municipal;

- **TFA** – Taxas de Fiscalização de Anúncios –esfera municipal;

- **TSI** – Taxa de Segurança contra Incêndios –esfera estadual;

- **TJU** – Taxa Judiciária –esfera estadual;

- **TRLAV** – Taxa de Renovação do Licenciamento Anual do Veículo –esfera estadual.

Sobre contribuições, Caribé (2020) explica os quatro tipos, para as quais o empreendedor também precisa prestar atenção:

- **contribuições para uma demanda já existente**

    - Contribuição de Iluminação Pública (CIP): tributo referente à iluminação pública, cobrado na conta mensal de energia.

    - Contribuição Sindical Laboral: incide sobre a folha de pagamento do trabalhador e é destinada a cada entidade que representa a classe profissional.

- **contribuição de melhorias**

    Destinada à realização de obras públicas para promover a valorização imobiliária. Como no caso de realização de asfaltos, em que os imóveis daquela região acabam tendo valorização.

- **contribuições parafiscais**

    Têm por finalidade possibilitar inúmeras atividades públicas, como SENAI, SENAC, SESC e SEBRAE.

- **contribuições especiais**

    Têm uma destinação específica para um grupo social ou atividade profissional, como o PIS (Programa de Integração Social) ou o PASEP (Programa de Formação do Patrimônio do Servidor Público).

As obrigações fiscais da empresa são mais um ponto que precisa de muita atenção do empreendedor. Caso não tenha conhecimento sobre, é interessante buscar informação, cursos, apoio de contadores, contratar um colaborador que tenha conhecimento no assunto, mas é algo que não pode ser deixado de lado e são valores que precisam ser considerados no momento do planejamento da empresa e nas definições de suas estratégias e ações.

A maioria dos empreendedores costuma gerenciar a contabilidade de forma básica ou intuitiva e, dessa mesma forma, muitas vezes gerenciam suas finanças, devido a essa falta de formação, falada anteriormente. Essa intuição é muito útil até um certo momento e, a partir daí, se a empresa quiser continuar crescendo, é necessário repensar a forma de gerenciar tanto a contabilidade quanto as finanças.

5.2.1 ALGUNS TERMOS DA CONTABILIDADE

Como falado nos parágrafos anteriores, o empreendedor precisa estar a par de vários setores e assuntos referentes a sua empresa. Mesmo que não tenha habilidade ou conhecimento com contabilidade, ele pode contratar uma empresa para fazer a gestão contábil ou contratar uma pessoa especializada para essa atividade, por exemplo. Mas, de qualquer forma, isso não tira sua responsabilidade e necessidade de conhecer alguns termos contábeis, como por exemplo, os citados por Freitas (2017) a seguir.

- **Amortização**: redução gradual de uma dívida por meio de pagamentos realizados em determinado período. Também pode ser vista como redução de um ativo.

- **Ativo**: patrimônio do empreendimento, incluindo bens, e é dividido entre circulante (de curto prazo) e não circulante (de longo prazo).

- **Balanço patrimonial**: é a demonstração que mostra a situação qualitativa e quantitativa do patrimônio da empresa.

- **Capital social**: quantidade de capital investida pelos sócios da empresa.

- **Demonstração do Resultado do Exercício**: faz comparação entre as contas para saber se a empresa teve lucro ou prejuízo.

- **Depreciação**: desgaste dos bens físicos da empresa. Pode ser por obsolescência ou deterioração natural.

- **Margem de contribuição**: diferença obtida entre o preço bruto unitário, custos e despesas variáveis também por unidade. É o dinheiro que sobra da venda de um serviço ou produto, depois de retirados os gastos variáveis.

- **Passivo**: obrigações que a empresa tem com sócio, acionistas e terceiros, por exemplo títulos a pagar, empréstimos bancários, capital social, lucros, prejuízos reservas de capital etc.

5.3 ENTENDENDO A GESTÃO FINANCEIRA

Segundo Chiavenato (2004), o gerenciamento financeiro se preocupa com a rentabilidade, que significa ter o melhor retorno possível do investimento; e a liquidez, que é a rápida conversão do que foi investido em dinheiro. Ele nos fala também sobre as três principais atribuições do gerenciamento financeiro:

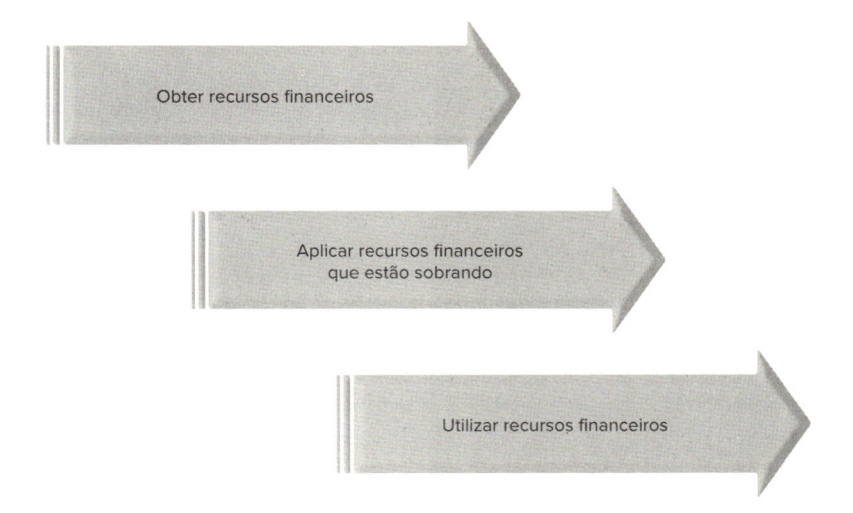

Para que a empresa possa ser criada e depois expandir suas atividades ela precisa de dinheiro, que vem do aumento de capital, de financiamento, de condições de pagamento com fornecedores ou empréstimos bancários etc. E para que consiga funcionar, também precisa de dinheiro a ser utilizado em várias atividades da empresa, como compra de matéria-prima, compra de máquinas e equipamentos, contratação de serviços, compra de software, pagamento de salários, impostos etc. E o que ela faz com o dinheiro que sobra? Esses recursos financeiros excedentes podem ser aplicados no banco, ou utilizados para aquisição de imóveis, terrenos etc.

Na gestão financeira, é possível ver, dentre outras coisas, a movimentação dos recursos financeiros/dinheiro – as entradas e saídas –, algo que acontece de maneira cíclica e de forma repetitiva, como diz Chiavenato (2004), e por isso precisa ser constantemente avaliado e monitorado.

As entradas de dinheiro vêm...

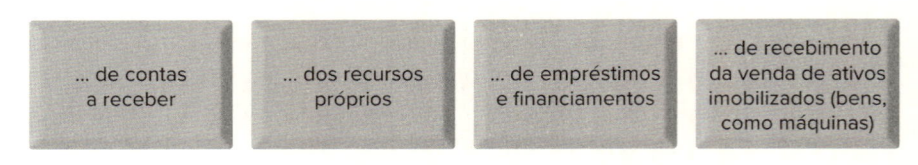

As saídas de dinheiro são para...

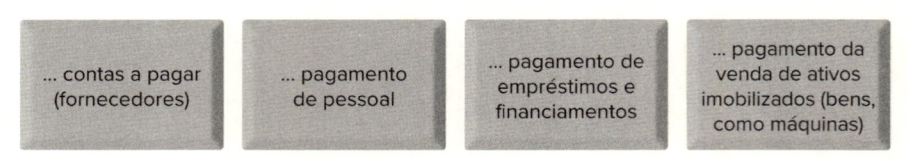

Existem algumas ferramentas de monitoramento e de realização da gestão financeira, segundo Chiavenato (2004, p. 216):

1. **controle de caixa** – para saber a todo momento o saldo bancário, realizado pela tesouraria.

2. **controle de conta corrente** – relatório como um extrato, elaborado pela tesouraria, onde aparecerão, com respec-

tivas datas, movimento diário do caixa e bancos, créditos e débitos.

3. **conciliação bancária** – ação feita para comparar o extrato da tesouraria com o extrato do banco e ver se as contas conferem.

4. **contas a pagar** – organização, agendamento e pagamentos a serem realizados, separados por setores para melhor visualização, sendo fornecedores, tributos, despesas administrativas, comerciais e industriais, provisões etc.

5. **contas a receber** – organização, agendamento e recebimento de cobranças dos clientes.

6. **fluxo de caixa** – resumo das contas a pagar e a receber e a visualização de um saldo, positivo ou negativo.

7. **controle de ativos circulantes** – acompanhamento dos estoques e de contas a receber.

8. **arquivo de documentos** – documentos já lançados, pagos ou recebidos, devem ser arquivados de forma organizada para consulta posterior ou encaminhamentos à contabilidade.

5.3.1 FLUXO DE CAIXA

Ter fluxo de caixa é um dos aspectos mais importantes de um negócio, pois é o que permite que a empresa continue operando. Normalmente é medido a cada mês ou mais e é o movimento ou fluxo de dinheiro, seja físico ou virtual, para dentro e para fora de uma empresa.

O fluxo de caixa normalmente é feito em uma planilha de computador, mas pode ser feito em um caderno também. Sua importância está ligada a mais segurança de informações e mais controle, e quando está devidamente planejado e alinhado com o fluxo da empresa, é possível evitar surpresas desagradáveis.

O dinheiro entra nas contas da empresa quando ela vende seus produtos e serviços aos clientes, gerando receita. O dinheiro sai da empresa quando é preciso pagar despesas, como folha de pagamento, aluguel e pedidos de compra de estoque.

Por exemplo, João administra uma loja de materiais de arte e quer controlar o dinheiro que está passando por seu negócio. Em um mês, ele registrou a venda de 170 pincéis, 89 telas e 226 tubos de tinta, totalizando R$ 7.060,00. Essas vendas são registradas como receita e compõem o fluxo de caixa da empresa.

Mas João também tem que pagar pelos custos operacionais de seu negócio, comprando mais suprimentos de arte para seu estoque, pagando o aluguel de sua loja e pagando seus funcionários. Esses pagamentos se referem às saídas de caixa da empresa.

Considerando que as despesas com essas atividades operacionais totalizaram R$ 4.500,00, João teve um fluxo de caixa positivo neste mês, pois ganhou R$ 7.060,00 e gastou R$ 4.500,00, deixando-o com R$ 2.560,00 de lucro líquido, ou dinheiro em caixa.

Para auxiliar João e demais empreendedores, a seguir está um exemplo de boletim diário de tesouraria para compor o fluxo de caixa, de acordo com Chiavenato (2004, p. 228). Ele pode ser adaptado a um boletim mensal.

Contas	Movimento do dia	Acumulado	Orçado no mês
Saldo inicial			
Entradas			
Vendas à vista			
Vendas a prazo			
Cobrança bancária			
Financiamentos			
Receitas financeiras			
Total de entradas			
Saídas			
Fornecedores			
Impostos			
Despesas com pessoal			
Despesas comerciais			
Despesas de produção			
Despesas financeiras			
Despesas tributárias			
Imobilizações			
Despesas gerais			
Total de saídas			
Saldo final			

Fonte: Chiavenato (2004, p. 228).

É no fluxo de caixa que acontece a previsão e o controle dos gastos, algo extremamente importante para empreendedores como Lucas, Bruna, João e tantos outros. Ele é o movimento das entradas e saídas de recursos financeiros do caixa, considerando sua origem (o que aumenta o caixa da empresa) e onde será aplicado (o que reduz o caixa da empresa).

Lucas e Bruna precisam prever e planejar as suas necessidades de caixa de curto prazo, independentemente se a empresa é física, como o restaurante, ou virtual, como a loja online de cosméticos. Isso é possível com um fluxo de caixa bem-organizado, pois com ele é possível prever os recebimentos e pagamentos que acontecerão em um período.

Por que é importante realizar esse orçamento, essa previsão? Ter essas informações o mais claras possível faz que a empresa possa ver o que vai acontecer com suas contas no futuro. Se houver excesso de caixa, que ocorre quando há mais recebimentos que pagamentos, pode-se pensar em estratégias para aplicar o dinheiro excedente. E se houver mais pagamentos que recebimentos, o que chamamos de déficit, deve-se pensar em estratégias para cobrir a falta de dinheiro, como por exemplo um empréstimo.

A duração do ciclo do fluxo de caixa é a quantidade de tempo desde o início da produção, quando o Lucas compra a matéria-prima, por exemplo, até quando ele vende o produto e recebe o dinheiro. Quanto mais longo for o ciclo de fluxo de caixa, mais tempo você terá dinheiro preso ao negócio que não pode ser usado para outros fins.

Existem três tipos de fluxo de caixa que determinam como o dinheiro é utilizado dentro da empresa:

- **fluxo de caixa operacional** – gerado pelos objetivos comerciais da empresa.

- **fluxo de caixa de investimento** – refere-se a ativos de capital e investimentos em outras atividades de negócio.

- **fluxo de caixa de financiamento** – dinheiro ganho por meio de dívidas, capitais e outras despesas.

Chiavenato (2004) dá algumas dicas para o empreendedor montar a previsão do fluxo de caixa da sua empresa:

1. iniciar fazendo o boletim diário da tesouraria para saber as entradas e saídas de dinheiro do caixa. É interessante ter uma planilha para essa atividade, a qual indicará o total de capital necessário para o início das atividades.

2. criar colunas para os meses, iniciando pelo primeiro mês de atividade da empresa.

3. estimar as vendas e outras entradas de receita, para compor a estimativa de receitas.

4. estimar as despesas considerando todas as saídas, para compor a estimativa das despesas.

5. fazer o balanço final entre receita e despesa.

6. considerar as retiradas de dinheiro que o empreendedor fará para cobrir suas despesas pessoais.

7. verificar saldos positivos e negativos nos meses, para verificar onde sobrará ou faltará dinheiro e assim poder pensar em estratégias para aplicar ou buscar empréstimos para restabelecer o saldo.

8. incluir no registro das despesas os empréstimos e financiamentos.

9. não esquecer de incluir também dinheiro para compra de estoque de matéria-prima.

O dinheiro é a força vital que circula na empresa, como se fosse o fluxo sanguíneo em uma pessoa. Ele é necessário para que a empresa se mantenha viva, por isso é muito importante que seja monitorado, para garantir saúde e longevidade.

Quanto mais organizado, controlado e significativo for o fluxo de caixa, mais dinheiro a empresa poderá alocar nas suas operações e reinvestir em várias áreas que necessitar, trazendo competitividade e fortalecimento para o negócio.

AGORA É COM VOCÊ!

Controlar o financeiro da empresa é algo extremamente importante, então agora é a sua vez. Neste momento, preencha o boletim diário de tesouraria para compor o fluxo de caixa da sua empresa.

Contas	Movimento do dia	Acumulado	Orçado no mês
Saldo inicial			
Entradas			
Vendas à vista			
Vendas a prazo			
Cobrança bancária			
Financiamentos			
Receitas financeiras			
Total de entradas			
Saídas			
Fornecedores			
Impostos			
Despesas com pessoal			
Despesas comerciais			
Despesas de produção			

Contas	Movimento do dia	Acumulado	Orçado no mês
Despesas financeiras			
Despesas tributárias			
Imobilizações			
Despesas gerais			
Total de saídas			
Saldo final			

CAPÍTULO 6

COMO ALAVANCAR RESULTADOS

Podemos dizer que todos os empreendedores querem que suas empresas prosperem. Dificilmente criam uma empresa para que ela permaneça do mesmo tamanho por mais de dez anos, por exemplo. Alguns até sofrem por serem muito imediatistas à espera desse crescimento e dessa aceleração comercial.

Para impulsionar o negócio, é preciso buscar o crescimento sustentável e estar atento às mudanças de mercado, e assim trazer novas soluções para os clientes. É imprescindível, para que esse impulso ocorra, a realização de diagnósticos e uma análise profunda da estrutura da empresa. Os resultados desse diagnóstico apontam para pontos de melhoria e para onde a empresa está tendo ruptura de caixa (prejuízo).

Essa análise será fundamental para definir as estratégias para alavancagem do negócio, que estará direcionada para todos os setores da empresa – financeiro, vendas, recursos humanos, operações, marketing etc. Analisar e utilizar o que a empresa tem de melhor a favor dela mesma, sabendo quais são suas maiores habilidades, é uma das melhores formas de alavancar o negócio; assim como explorar os pontos fortes, sem ignorar os pontos fracos, auxilia o empreendedor a se tornar um profissional mais completo para gerir sua empresa com mais eficiência.

Para buscar aceleração comercial e crescimento, Pinto (2016) comenta que um dos caminhos é aprender com os concorrentes, mas sem se tornar um imitador. Olhar para os concorrentes, observando o que fazem de certo ou de errado, pode ajudar a empresa a compreender e definir seus próximos passos.

Endeavor (2018) comenta de uma forma informal que essa "espiada na grama do vizinho" se chama *benchmarking*. Segundo ele, trata-se de um conceito da administração relacionado a estratégia para aumento de eficiência e que, traduzindo para o português, significa "ponto de referência". Se refere a um minucioso processo de pesquisa que possibilita aos gestores comparar práticas empresariais, produtos, metodologias ou serviços utilizados por seus concorrentes, analisando quais deles podem ser inseridos em seus negócios para alcançar superioridade operacional ou gerencial.

Sempre que observar que algo não está sendo feito de forma adequada, não tenha medo de mudar – embora seja importante se certificar de que as mudanças serão positivas. Pinto (2016) diz que algo que exige da empresa muita capacidade de adaptação e abertura a mudanças é a tecnologia. A empresa precisa estar preparada para ela.

Compartilhar, com todos da empresa, objetivos bem claros e bem definidos, faz que colaboradores de todos os níveis se comprometam a caminhar em um mesmo sentido. Esse processo em conjunto colocará a empresa no caminho da alavancagem de seus negócios.

6.1 ACELERAÇÃO COMERCIAL

Os últimos anos exigiram das empresas muita adaptabilidade e flexibilidade a essas mudanças comentadas, ainda mais com a pandemia a partir de 2019, a qual colocou muitas empresas em frente a grandes dificuldades. Durante esse período também houve uma valorização das empresas digitais e aceleração dos processos de inovação das empresas, conforme Adolpho e Pereira (2020).

Algumas inovações que aconteceriam em cinco anos foram antecipadas para o agora, por necessidade, como por exemplo o trabalho em home office e os negócios feitos por e-commerce. E a sua empresa, passou por algum processo de inovação antecipadamente?

O receio de sair de casa fez que as pessoas fossem direcionadas para o mundo digital de forma muito rápida e intensa. Pesquisam sobre produtos online ao invés de ir para a rua, compram online, conversam com amigos online, e de repente o online se torna uma condição essencial para o negócio continuar funcionando.

O marketing digital, que é o marketing puro utilizando ferramentas digitais, vem para auxiliar a empresa em sua aceleração comercial nesse mundo "**onffline**", como diz Adolpho (2020). Esse termo é a união do offline com o online e é utilizado para demonstrar que o que há de melhor no offline, que é a credibilidade, deve ser unido com o que há de melhor no online, que é escala e persuasão, estando esta última característica relacionada a mostrar para as pessoas o que a empresa faz.

Então, podemos considerar que o primeiro passo para buscar a aceleração comercial é estar online, porque caso contrário a empresa não aparecerá para seus clientes e quebrará. Os clientes não conseguirão encontrá-la se não estiver na rede, pois hoje é o primeiro local onde vão procurar.

A presença digital, conforme Adolpho e Pereira (2020), dá abrangência e escalabilidade. Com esse canal é possível estar em qualquer lugar, como por exemplo, estar ao mesmo tempo em 140 países, se a empresa fizer uma campanha para tal.

É importante que o empreendedor tenha em mente que toda venda custa. Esse custo de venda compreende o salário do vendedor, a divulgação e o anúncio do produto. Se um vendedor ganha R$ 2.000,00 e vendeu um único produto no mês no valor de R$ 1.500,00, a empresa teve um prejuízo de R$ 500,00 nas vendas. Isso sem considerar questões de impostos e demais custos, pois aí o prejuízo é maior ainda. Mas se esse mesmo vendedor vendeu R$ 3.000,00 a empresa teve um resultado positivo de R$ 1.000,00 com essa venda.

Infelizmente muitas empresas gastam a maior parte de sua energia, cerca de 80% dos seus esforços, para tentar vender para clientes que nunca ouviram falar dela, chamados de público anônimo. Isso faz que os custos de venda aumentem, pois exige mais gastos com divulgação, panfletagem, cartão de visitas, anúncios no Google, porque a empresa precisa convencer esse novo cliente de sua credibilidade e qualidade.

Uma estratégia inteligente é dedicar 70% dos esforços de vendas para clientes que já compraram da empresa e 30% para novos clientes. Mas para poder colocar em prática essa estratégia é imprescindível ter informações, que serão obtidas com controle de quem comprou, quando comprou, quanto comprou, quantas vezes etc. – um controle feito em papel ou utilizando tecnologia, mas que precisa existir para alcançar um maior RPC, receita por cliente. Os sistemas de CRM, mencionados em capítulos anteriores, são uma ferramenta muito útil para auxiliar a empresa nesse gerenciamento de informações. Um excelente exemplo de CRM que oferece muitas funcionalidades para alavancar negócios e auxilia no aumento das vendas das empresas é o software desenvolvido pela Ideal Trends, que é um SaaS, Software as a Service, chamado **Ideal Sales**, segundo Ferradeiro (2021).

O Ideal Sales foi desenvolvido para facilitar o acompanhamento das trajetórias da empresa, por meio de atividades e painéis visuais. A empresa paga

Acesse o site
Ideal Sales

Link: https://www.idealsales.com.br/

um plano, conforme a sua necessidade, e tem acesso a ferramentas que possibilitam redução de custos, automatização de processos, gestão da equipe comercial, monitoramento da jornada do cliente, entre tantas outras funcionalidades que possibilitam a alavancagem da empresa.

É importante também, além de ter um bom sistema, ter uma equipe integrada e comprometida para que as pessoas deem importância a todas essas orientações e direcionamentos da empresa e, de fato, efetuem os registros das informações nesses sistemas, para serem utilizadas depois como base para tomadas de decisão.

Há uma infinidade de números que a empresa pode buscar e consultar para embasar a definição de suas estratégias. É importante esse cuidado com as informações, pois a ânsia pela busca de alavancagem sem análise de dados para tomada de decisões mais assertivas pode trazer efeitos negativos para a empresa. Conforme Adolpho (2020), a velocidade é uma péssima amiga se você não estiver na direção certa. E a direção certa é a estratégia, que será definida por meio de números, dados e informações que a empresa obterá com seus controles.

Adolpho (2020) fala que a transformação digital é algo que coloca a empresa rumo ao topo. Mas é diferente de digitalizar o negócio. Não é apenas criar um Instagram para a empresa ou ter um canal para vender pela internet. É muito mais que isso. É uma transformação na forma como todos os processos da empresa são gerenciados. É a mudança de estratégia. É a reformulação da empresa, tornando seus processos mais digitais, relacionados a administração, comercial, financeiro, contabilidade, marketing etc.

Ter um canal para vender pela internet é só uma parte dessa transformação e, conforme Adolpho (2020), o e-commerce é uma estratégia excelente e muito boa para alavancagem. Ter WhatsApp e Instagram é fundamental nos tempos atuais, pois é onde os clientes têm demonstrado ter preferência para compras online. Ao utilizar o WhatsApp, a loja pode disponibilizar vendedoras para ficar online, e estarão ali para atender os clientes, responder suas dúvidas e fechar a venda. A ferramenta será o WhatsApp, mas veja que, junto com ele, há toda uma estratégia de atendimento e um processo que deve ser bem executado. Adolpho (2020) reforça que não é a ferramenta, mas sim o processo bem executado, alinhado à estratégia da empresa, a somatória de uma mídia à outra, ajustados às necessidades e realidades de cada empresa, que alavancarão a empresa, e ajudarão ela a escalar para os seis dígitos, por exemplo.

Vemos que a alavancagem é mesmo um desafio para muitas empresas — tornar o negócio sustentável para crescer de forma estruturada, considerando a competitividade do mercado, a mudança de opinião constante de seus clientes, a aceleração da evolução da tecnologia e a economia instável. Para dar suporte para esses empresários, o site Meu Sucesso apresenta algumas reflexões para alavancagem comercial, apresentadas a seguir em ordem, mas que devem ser vistas com o mesmo grau de importância.

O primeiro passo é realizar a análise geral ou 360°, semelhante à análise SWOT apresentada em momentos anteriores, na qual acontece a identificação de fatores internos e externos que podem afetar o desempenho do negócio. Poderá enxergar nesse processo várias oportunidades. Mas antes de partir para elas, é preciso ver se elas se adequam à realidade da empresa.

Em segundo lugar, acontece a identificação e o investimento no diferencial da empresa. Para isso, é preciso olhar para o negócio e analisar o que faz com que seu cliente escolha o seu produto ou serviço ao invés do produto ou serviço de seu concorrente. Esse será o diferencial do negócio. E neste diferencial devem ser investidas ações de marketing, para compor a identidade da marca e fortalecer a empresa.

Como terceira estratégia, é preciso pensar em quais são essas ações de marketing mencionadas anteriormente. O cliente agora busca atender suas necessidades primeiramente pesquisando na internet, buscando em redes sociais, decidindo onde comprar depois de comparar as opções online e offline. Por isso, é preciso estar ativo na internet, utilizando redes sociais, e-mail marketing ou e-commerce.

Em quarto lugar, há o treinamento da equipe e uma comunicação transparente e eficiente, pois sem uma boa equipe, trabalhando com sinergia, nenhuma estratégia sai do papel. O investimento em qualificação dos colaboradores deve ser constante e vai refletir diretamente na rotina da empresa e nos resultados que vai alcançar; assim como ter uma comunicação transparente, deixando-os inteirados das mudanças e dos objetivos, faz com que se sintam parte da empresa e estejam motivados a ajudar a empresa na busca pela alavancagem.

E em quinto lugar há o monitoramento dos resultados, pois todo planejamento precisa ser acompanhado para que a empresa se certifique de que suas ações estão ou não tendo sucesso. O monitoramento é como uma bússola que indica a direção dos próximos passos da empresa.

Para conseguir aceleração comercial, vemos que não existe uma única forma. Não há uma única solução para todos os problemas. Por isso, é primordial primeiro entender a empresa, conhecer o problema e analisar as ferramentas de solução de problemas, para ver qual se adequa ao caso de cada negócio. Assim, será possível alcançar um maior ROI – que é o tempo de retorno do investimento, aumento de lucro e aceleração comercial.

6.2 MARKETING E VENDAS

O restaurante de Lucas serve os melhores pratos da região, assim como a loja virtual da Bruna tem as melhores marcas de maquiagem e outros produtos de excelente qualidade. Mas de que adianta ter um bom produto e prestar um bom serviço se você não comunicar isso às pessoas e convencê-las de comprá-los? Como a empresa alavancará seus resultados, se não divulgar para as pessoas o que tem de melhor e estimulá-las a serem seus clientes?

Chiavenato (2004) diz que o principal elo entre o cliente e a empresa é o marketing, e marketing vem do inglês *market*, que significa mercado. Por meio dele, o cliente recebe produtos, da melhor forma possível, com as características adequadas e no momento certo. Se refere a todas as atividades da empresa que têm o objetivo de colocar no mercado os produtos ou serviços da empresa.

A criação ou o desenvolvimento dos produtos, a sua localização ou distribuição, a promoção e a propaganda, o preço e a embalagem são preocupações dessa área da empresa. O marketing alinha esses tópicos de acordo com as necessidades e expectativas dos clientes.

Segundo o Sebrae (2019), enganam-se aqueles que pensam que só empresas grandes precisam prestar atenção e desenvolver estratégias de marketing. Ter estratégias de marketing assertivas faz com que a empresa atinja o público certo e de maneira eficaz.

Para compreender um pouco mais sobre o que o marketing representa, é importante citar Philip Kotler, que é um dos maiores estudiosos sobre marketing. Conforme Alves (2012), para Kotler, marketing pode ser definido de três maneiras:

> "Processo social e gerencial através do qual indivíduos e grupos obtêm aquilo que desejam e de que necessitam, criando e trocando produtos e valores uns com os outros."

> "Administração de Marketing é definida como análise, planejamento, implementação e controle dos programas destinados a criar, desenvolver e manter trocas de benefícios com os compradores-alvo a fim de atingir objetivos organizacionais."

> "Marketing significa administrar mercados para chegar a trocas, com o propósito de satisfazer as necessidades e desejos do homem. Processo pelo qual indivíduos e grupos obtêm o que precisam e desejam através de trocas de produtos e valores."

Com o marketing, é possível criar valor para o cliente. Mas, de forma prática, como é possível fazer isso? Alves (2012) diz que esse deve ser um questionamento constante a ser feito pelos empreendedores. Se um cliente adquire um produto ou serviço da empresa que se preocupa em oferecer valor além do aspecto material, por exemplo, o cliente ficará satisfeito e a empresa ganhará reconhecimento e novos clientes, indicados por este primeiro.

Para clarear o que pode ser feito na prática pelos empreendedores que querem definir suas estratégias de marketing, é preciso inicialmente olhar para os quatro pilares básicos do marketing, o mix de marketing, também chamados de 4Ps. Eles compreendem produto/serviço, praça/localização, preço e promoção.

De onde vieram esses conceitos? A expressão "mix de marketing" foi inventada por Neil Borden, em 1949, e os 4Ps do Marketing foram propostos na década seguinte, por Jerome McCarthy. Quem divulgou esses conceitos com grande intensidade foi Philip Kotler, segundo Rez (2017).

Para o empreendedor alcançar os objetivos, alavancar sua empresa, encantar o cliente, superar suas expectativas, fidelizá-lo, precisa olhar para esses 4Ps e definir estratégias em cada área. Chiavenato (2004) e o Sebrae trazem algumas explicações sobre cada P.

O primeiro P diz respeito ao PRODUTO, mas está ligado também a serviços. Aqui o empreendedor deve olhar para as características do que vai vender e entender como o produto funciona, para que será utilizado e quais necessidades o produto resolve.

Ao olhar para PRODUTO, pense sobre:

- variedade de produtos/serviços
- seleção de produtos/serviços
- benefícios que oferece
- como será apresentado ao cliente

Para o empreendedor alcançar os objetivos, alavancar sua empresa, encantar o cliente, **superar suas expectativas**, fidelizá-lo, precisa olhar para esses 4Ps e definir estratégias em cada área.

O segundo P está relacionado a PRAÇA/localização, e diz respeito a como o produto será colocado no mercado. É importante analisar como o cliente chegará até a empresa, como o produto será entregue, se de forma física ou digital. Um dos pontos a ser observado aqui é se a loja física tem estacionamento ou se o ponto é bem localizado. Se o negócio for digital, pensar se o site é de fácil localização e navegação.

Ao olhar para PRAÇA, pense sobre:

- localização da loja
- localização da marca
- como as entregas serão feitas
- quais os canais de suprimento

O PREÇO é o terceiro P e trata de qual valor será cobrado pelas soluções que o produto ou serviço da empresa oferecem. O preço final de venda deve considerar: lucro, custos, despesas e investimentos. É algo que merece muita atenção do empreendedor, pois o preço trará o retorno monetário que sustentará as ações da empresa, relacionadas a distribuição dos produtos, pagamento de funcionários e negociação com fornecedores. É preciso considerar as faixas de preço de cada produto, comparar preços dos concorrentes e analisar a reação dos clientes quando efetuam a compra.

Ao olhar para PREÇO, pense sobre:

- níveis de preço
- condições de pagamento e prazos oferecidos
- retorno monetário e cobertura

Quando falam de marketing, normalmente as pessoas pensam que ele se refere somente a esse último P, que é a PROMOÇÃO. E novamente se equivocam ao pensar que a promoção é só para baixar o preço do produto. A promoção tem um significado diferente de liquidação. É a forma como a mensagem é promovida até os clientes ou, podemos dizer, como o produto é promovido.

Ao olhar para PROMOÇÃO, pense sobre:

- propaganda
- grau de venda pessoal
- divulgação
- publicidade
- redes sociais
- influenciadores

Quem está preocupado com as estratégias de marketing certamente já ouviu falar dos 4Ps. Com o avanço da tecnologia, foi necessário direcionar o olhar da empresa para o marketing digital. Adolpho (2018) fala como os 8Ps de marketing podem fazer toda a diferença para o negócio da empresa.

6.2.1 OS 8PS DO MARKETING

Conhecer mais a fundo o marketing pode ser um grande diferencial para a empresa, e durante muito tempo o mix de marketing foi difundido e é estudado até hoje. Mas, com a evolução do marketing, visando tornar as estratégias mais modernas, acessíveis e eficientes utilizando ferramentas digitais, foi desenvolvida a metodologia dos 8Ps, difundida por Conrado Adolpho.

Adolpho (2018) apresenta os 8Ps como sendo: Pesquisa, Planejamento, Produção, Publicação, Promoção, Propagação, Personalização e Precisão. Ele aponta como importante entender quando adotar cada uma das etapas dentro do marketing digital, pois é algo a ser implementado na estratégia da empresa e à realidade do negócio.

- O primeiro "P" diz respeito à **Pesquisa** que é feita de uma forma mais facilitada e ágil quando utilizamos ferramentas digitais. Com pesquisas feitas dessa forma, é possível gerar relatórios importantes para identificar quem são os clientes, entender os consumidores, quais são seus anseios, desejos e hábitos de consumo e assim atendê-los melhor.

- **Planejamento** é o segundo "P", que se refere a conhecer o que será feito, como será feito, para quem será feito, quem é o público-alvo ou persona e como os elementos serão desenvolvidos. Isso se refere também a linguagem de conteúdo, definir horários e dias de postagem e demais ações que impactarão o resultado de marketing da empresa.

- O terceiro "P" é a **Produção**, que está relacionado a elaborar os conteúdos que fazem parte da estratégia de marketing, como por exemplo vídeos, materiais, conteúdo para redes sociais etc.

- A **Publicação** é o quarto "P", que significa "colocar no ar", tornar público em blogs, sites, redes sociais, o conteúdo desenvolvido na etapa produção. Aqui é importante pensar qual canal é mais adequado para sua empresa.

- **Promoção** é o quinto "P" e diz respeito a impulsionar o conteúdo desenvolvido, aumentando sua visibilidade, utilizando por exemplo os meios digitais como anúncios, conteúdos patrocinados, banners virtuais etc.

- O sexto "P" é a **Propagação**, que se refere a formas de fazer com que a mensagem ganhe mais destaque e chegue a mais pessoas ou às pessoas certas.

- O sétimo "P" é a **Personalização**, algo muito importante para obter melhores resultados. É preciso adequar a linguagem, a comunicação, os conteúdos e direcioná-los ao seu público.

- E a **Precisão** é o oitavo "P", que consiste em analisar, estudar e compreender os resultados das estratégias utilizadas para ver o que está adequado e o que precisa ser alterado, sendo um dos grandes diferenciais do marketing digital.

Os 8Ps do marketing têm por objetivo tornar os processos mais eficientes, por meio da internet, aumentando vendas e facilitando a conquista de novos clientes. Considerando que eles estão cada vez mais conectados, é preciso que a empresa se adapte e esteja atenta ao que foi mencionado, para estar presente ao lado do cliente, nesse mesmo canal, que é a internet.

6.2.2 INVESTINDO EM MARKETING

É preciso reformular o modo como o marketing é visto, pois ele é um investimento, e não um gasto, como muitas empresas encaram (SEBRAE, 2019). Com ele é possível alcançar: **aumento das vendas**, pois as estratégias de marketing mostram para o cliente a necessidade que ele tem daquele produto; **fidelização de clientes**, pois o marketing não serve apenas para conseguir novos clientes, mas também para fidelizar os clientes que já compram da empresa. Fidelizar é fazer com que eles voltem a comprar; **visibilidade**, pois torna a empresa mais conhecida por aquelas pessoas que podem comprar da empresa; e fortalecimento de **relacionamentos**, não só com clientes, mas com parceiros, colaboradores, comunidade etc.

Algumas dicas podem ser colocadas em prática para o marketing da empresa, de acordo com o Sebrae (2019). Estão ligadas ao investimento em uma identidade visual, à necessidade de estar na internet e a ser autoridade no assunto.

O **investimento em uma identidade visual** é o primeiro passo que a empresa deve dar para definir e encorpar a sua marca. É como a empresa influencia a percepção do público sobre ela.

Para conhecer quem é esse público-alvo, saber quem a empresa quer alcançar, Licastro (2020) dá uma dica de exercício muito bom: pensar "quem eu gostaria que fosse amigo da minha marca?" e então refletir sobre questões de idade, gênero, localização, renda, profissão etc.

Conhecer quem é o público-alvo é saber quem é o foco da sua empresa. Para definir esse público é importante pensar sobre o público-alvo da empresa e o público-alvo de cada produto que a empresa vende. Segundo Benetti (2021), é preciso conhecer a idade média desse grupo de pessoas, como é o poder aquisitivo, qual gênero, quais as profissões, quais regiões costuma frequentar, qual a classe social dessas pessoas, qual o índice de escolaridade, quais são seus hábitos de consumo e muito mais. Quanto mais específico você for, mais assertivas serão as decisões, pois é um problema bem sério quando a empresa quer atender a todos, correndo o risco de não atender bem ninguém e com isso perder clientes.

Depois, é preciso definir como apresentará a personalidade da marca visualmente. Com uma boa identidade visual, é possível adicionar tom às palavras da empresa, e assim alcançar muito mais do que só com textos e falas. Imagens, ilustrações e esquemas de cor devem ser coerentes com a mensagem que a empresa quer transmitir e com o seu posicionamento.

No momento da criação da identidade visual, o empreendedor pode criar seu logotipo, lembrando que menos é mais, como a dica dada por Licastro (2020). O logotipo não é algo estático e sofre reestruturação com o passar do tempo, sendo redesenhado para se ajustar ao momento do mercado e para que consiga passar a mensagem que a empresa deseja para o cliente. Também deve-se produzir cartões de visita, folders, papel timbrado e embalagem personalizada.

Veja o exemplo da empresa Anne Caroline, do Grupo Ideal Trends, em relação à escolha das letras, formato etc. Há sempre uma intenção para essa escolha e para desenvolver determinado logotipo:

Fonte: https://www.idealtrends.com.br/grupo

A tipografia também é algo que influencia a identidade visual. Utilizar dois, ou no máximo três tipos é uma boa estratégia. E a combinação de cores sem dúvida é algo impactante nessa construção. Existe toda uma psicologia em volta de cores, que influencia a construção da marca e a opinião do cliente.

Acesse o site da
Anne Caroline Global

Link:
https://brz.annecarolineglobal.com/

A definição do estilo fotográfico e de ilustrações tem um papel enorme na identidade visual, desde a imagem do produto/serviço até a publicidade. É importante pensar como a ilustração será utilizada em conjunto com outros elementos visuais e não ilustrar demais, além de não utilizar estilos conflitantes.

Além da preocupação com a identidade visual, o Sebrae diz que a **empresa precisa estar na internet**. Ainda mais depois que os clientes se acostumaram a comprar pela internet, devido ao modo como as suas vidas foram alteradas após a pandemia de covid-19 – digitalizar a empresa, como dito em capítulos anteriores, digitalizando a sua forma de pensar e gerenciar suas diversas áreas. Investir em um site eficaz, para que a empresa tenha maior abrangência e possa ofertar dessa forma seus produtos ou serviços.

Magalhães (2020) comenta sobre os passos para montar uma loja virtual, com relação a custos e outros detalhes. A primeira observação que ela faz é que existem custos fixos (que independentemente de vender ou não você terá que pagar) e variáveis (que variam conforme a quantidade vendida).

Os custos fixos podem ser impostos relacionados à abertura do CNPJ e venda dos itens, tarifas relacionadas a serviços de contabilidade e aluguel da plataforma de e-commerce. Exemplificando, se optar pela Nuvemshop, que é uma plataforma de e-commerce, o custo é em torno de R$ 49,90. Acrescido a esse valor é importante considerar mais R$ 300,00 em média para gastos com serviço de contador; além disso, há o custo com guia de imposto do MEI (microempreendedor individual), em torno de R$ 60,00. Então, o custo fixo inicial pode ser de R$ 360,00 a R$ 460,00.

Os custos variáveis podem ser: preço das mercadorias, impostos que incidem sobre cada produto, assinatura de serviços integrados à sua loja virtual, custos logísticos para recebimento e envio das mercadorias, investimento em marketing etc.

Segundo Magalhães (2020) o primeiro passo é **definir um nome para sua loja virtual**. O nome da loja virtual precisa ser único e original, pois ele será uma marca que diferencia a empresa da concorrência. Em muitos casos, o nome já está sendo utilizado e se isso ocorrer não será possível criar um site personalizado. Para se certificar de que o domínio está disponível, é possível consultar o site Hostgator pelo seguinte endereço: https://www.hostgator.com.br/criadores#utm_source=influencer&utm_medium=cpc&utm_campaign=ecommerce_na_pratica&utm_term=oferta&utm_content=blog. Depois, é preciso fazer uma **identidade visual** para a loja, conforme explicado em parágrafos anteriores. O terceiro passo é **registrar o domínio**, que pode ser ".com" ou ".com.br", válido por um ano e que deve ser renovado para não perdê-lo. No site Hostgator é possível registrar o domínio. O quarto passo é **conectar o seu domínio à loja virtual** e o quinto é **organizar a loja virtual**, criando categorias e subcategorias, nas quais os produtos serão colocados. A seguir é importante **configurar os meios de pagamento** e **os meios de envio**. Magalhães (2020) também comenta sobre a importância de **adaptar a loja para mobile**, pois muitos clientes acessam e compram pelo celular. O décimo passo é **obter o Certificado Digital**, que é uma licença obrigatória para que se consiga emitir notas fiscais eletrônicas. **Contratar o serviço de ERP** (Enterprise Resource Planning), que significa Planejamento dos Recursos da Empresa é muito importante, pois com ele é possível gerenciar e integrar todos os aspectos do negócio. É importante também **utilizar técnicas de SEO** (Search Engine Optimization), que fazem o site estar bem colocado nos buscadores, principalmente no Google.

É importante não esquecer de fazer testes na loja virtual para confirmar se todos os passos anteriores estão se concretizando adequadamente.

Caso a empresa opte por não investir em um site, é possível utilizar as redes sociais para vendas virtuais, como WhatsApp e Instagram, que são muito utilizadas e trazem excelentes resultados, muitas vezes maiores que os sites e-commerce.

Deve-se investir em links patrocinados e otimizar o site da empresa, para que sejam mais visualizáveis quando os clientes fizerem buscas no Google. De nada adianta ter um site legal ou um perfil bacana na rede social, se quando seus clientes buscam por um determinado produto na internet, o de seus concorrentes aparece, mas o de sua empresa não.

Há uma ferramenta no Google chamada Google Analytics, que é a ferramenta de análise web gratuita mais utilizada e completa do mundo. Com ela podemos compreender o comportamento do cliente "pós-clique", e com isso é possível entender onde é preciso melhorar o site e/ou campanhas para conseguir fazer que os clientes atinjam o objetivo esperado, como o preenchimento de um formulário, a visualização de uma página importante, um download ou a tão esperada compra, conforme diz Santos (2016). No Google Analytics é possível conhecer desde dados básicos, como quantos usuários visitaram o site, quais as páginas mais acessadas, até quais origens de tráfego geraram mais resultados.

As redes sociais também são muito importantes para a empresa. Então, deve-se utilizar as redes sociais para estreitar, fortalecer e otimizar o relacionamento com os clientes, divulgar produtos e serviços etc., buscando o engajamento, pois as marcas engajadas vendem mais. Além disso, com a rede social é possível ter um feedback de seus clientes sobre os produtos ou serviços da empresa, além de poder consultar a opinião deles sobre seus concorrentes. Com a informação sobre os pontos negativos da sua empresa, é possível saber no que precisa melhorar, realizar ações para isso, e assim reverter em futuras opiniões positivas sobre sua empresa.

Criar autoridade no assunto relacionado à sua marca, postando conteúdos relacionados. Conteúdos devem conter soluções, dicas para o público-alvo, o que além de dar destaque fortalece a confiabilidade do público-alvo.

Independentemente do tamanho da empresa, todas precisam investir em marketing. Algo que num primeiro momento parece ter um custo alto, mas com o retorno a empresa paga os custos das estratégias utilizadas, reverte em lucro no final do mês e segue no caminho da alavancagem comercial.

6.2.3 INVESTINDO EM VENDAS

A administração de vendas está diretamente relacionada com o marketing e, segundo a Associação Americana de Marketing, conforme Santangelo (2009), define-se a administração de vendas como um conjunto de funções – planejar, dirigir e controlar a venda, incluindo recrutar, selecionar, treinar, prover recursos, delegar, determinar rotas, supervisionar, pagar e motivar à medida que as tarefas são aplicadas na força de vendas.

Segundo Chiavenato (2004, p.202) o setor de vendas é a interface entre a empresa e seus clientes, e tem uma importante função: "colocar os produtos/serviços produzidos pela empresa no mercado de clientes ou consumidores, satisfazendo as necessidades do mercado e alcançando os objetivos da empresa".

Para ter sucesso nessa atividade, a empresa deve conhecer profundamente o produto ou serviço que venderá, para que possa exaltar as características e vantagens do produto ou serviço quando estiver apresentando para o cliente.

Chiavenato (2004, p.202) apresenta sete fases do processo de vendas, as quais serão detalhadas a seguir e que são decisivas para conquistar o cliente e para garantir novas vendas: pesquisa de mercado, propaganda, venda, promoção de vendas, canais de distribuição, merchandising e pós-venda.

1. **Pesquisa de mercado**: é a fase inicial do processo de vendas e com ela é possível obter informações sobre os clientes e sua relação com os produtos ou serviços que a empresa pretende vender. Com uma pesquisa, é possível descobrir onde os possíveis clientes estão localizados, seu poder aquisitivo, seus hábitos de compra, suas características socioeconômicas, como preferem ser contatados e suas preferências com relação a características dos produtos (preço, tamanho, cor, embalagem, durabilidade etc.).

2. **Propaganda**: é a fase na qual a empresa busca formas de fixar sua marca, a imagem de seu produto ou serviço, sua utilidade, seu conceito ou suas vantagens na memória do cliente. Pode ser feita de várias formas: pela internet, em mídias sociais e redes sociais, no rádio, televisão, outdoors, revistas, cartazes etc.

3. **Venda**: é a transferência do produto ou serviço para o cliente e pode ser feita de forma pessoal, impessoal ou virtual. A forma pessoal acontece quando há um contato direto entre o vendedor e o cliente, seja na empresa, numa visita a domicílio ou pelo telefone. Na forma impessoal, não há intervenção direta do vendedor, como no autosserviço do supermercado, na compra por catálogo ou por máquinas de venda. E a forma virtual é a feita pela internet, já muito apreciada há tempos e altamente difundida em período pós-pandemia, com incrível redução de custos e aumento de eficácia e eficiência.

4. **Promoção de vendas**: é a fase do processo de venda utilizada para acelerar ou promover produtos ou serviços. Para ser realizada, é necessário treinamento dos vendedores, fornecimento de material de divulgação, como folhetos, catálogos etc. ou realização de demonstração ou sorteios, distribuição de amostras grátis e brindes, exposição em fei-

ras e descontos por volume de compra. É feita normalmente quando há estoque elevado de produtos, lançamento de novos produtos para fazer frente à concorrência ou sazonalidade de vendas.

5. **Canais de distribuição**: é a forma como os produtos ou serviços fluem da empresa em direção aos clientes, chegando até eles da melhor forma possível. A maneira que ocorre a distribuição influencia os custos e o preço do produto.

6. **Merchandising**: significa mercadoria e diz respeito às características do produto, como tamanho, nome, marca e embalagem, ou seja, a todos os aspectos relacionados com apresentação do produto ou serviço que a empresa colocará no mercado. É o desenvolvimento da personalidade e individualidade do produto para que ele seja identificado e procurado pelo cliente, aumentando as vendas.

7. **Pós-venda**: acontece depois da venda ao cliente. Talvez uma das fases mais importantes, pois é aqui que é possível monitorar o quanto o cliente gostou do produto ou serviço. No pós-venda são atendidas as reclamações dos clientes, ajustando alguma possível falha do produto, com toda a atenção e dedicação da empresa para resolver o problema do cliente e ouvir suas indagações.

O processo comercial tem início quando uma pessoa se interessa pelo produto ou serviço que a empresa tem e oferta, de acordo com Portella (2014). Ele diz também que é por isso que a intenção de compra faz parte do processo comercial, e com um bom relacionamento entre empresário, colaboradores e possíveis clientes, é possível impulsionar a venda.

Quando a empresa percebe um possível cliente, que se aproxima por qualquer canal, os próximos passos, descritos a seguir, devem ser executados o mais próximos da perfeição, de acordo com Portella (2014). Ele também reforça que o ciclo do mercado é composto por captação de clientes potenciais, retenção de clientes, fidelização de clientes e pós-venda, e que a gestão de vendas é um processo administrativo que requer muita capacitação, relacionamento e sensibilidade.

1. Realizar o plano comercial

   1.1 Elaborar o PDCA (Plan: Planejar, Do: Fazer, executar, Check: Checar, verificar, mensurar, Act: Agir)

   1.2 Estudar o ambiente

2. Formar a equipe comercial

   2.1 Planos meritocráticos (relatórios/indicadores)

3. Capacitar a equipe comercial

   3.1 Aulas de comunicação – textual, oral, cognitiva e negocial

   3.2 Técnicas de venda

   3.3 Treinamento sobre o produto ou serviço

   3.4 Aulas sobre o mercado, *benchmarking* etc.

   3.5 Dinâmicas de equipe. Perguntas e respostas

   3.6 Feedback e ajustes para cada membro do corpo comercial

4. Organizar frentes de venda por perfil ou orientações de inteligência de mercado

5. Monitorar os desempenhos da equipe e individuais

6. Atualizar e estudar constantemente o ambiente

7. Analisar resultados e estimativas de metas para novos ciclos de venda

É muito importante empreendedores que estão à frente de empresas de qualquer tamanho, como Lucas e Bruna e tantos outros, observarem as dicas apresentadas neste capítulo direcionadas a gestão de marketing e vendas. Elas são estratégias direcionadoras e orientadoras para a empresa estruturar seus processos de venda e ter mais sucesso nesse momento que é tão importante para ela.

6.3 GANHE MAIS COM KNOW-HOW

O mercado atual exige das empresas muita desenvoltura e bastante conhecimento, principalmente em tecnologias. O domínio sobre uma atividade, sobre o mercado ou sobre um produto ou serviço é conhecido como know-how que, de acordo com Marques (2018), é um termo em inglês que significa "saber como" ou "saber fazer". Diz respeito ao conjunto de conhecimentos práticos e técnicos que a pessoa ou empresa tem, obtidos por meio de erros e acertos, relacionados a tecnologias, fórmulas, procedimentos e técnicas para fazer determinada atividade, que traz sabedoria e torna uma empresa ou pessoa referência naquela área ou assunto.

Tão importante quanto o know-how é o know-why, segundo Marques (2018). É um conceito relacionado à empresa saber os motivos pelos quais toma determinada decisão e realiza tal ação. Diz respeito a entender além de como fazer, mas por que fazer. Como por exemplo no momento de um lançamento de um novo prato no restaurante de Lucas, ele parar para analisar qual é a razão pela qual aquele produto está sendo criado. Para isso, é preciso compreender muito bem os clientes, quais são seus hábitos e comportamentos, pois eles é que motivarão determinadas ações da empresa.

Know-how é um importante fator de diferenciação, de acordo com Reis (2021) e, dentro de uma empresa, implica em se destacar da concorrência. O conhecimento coletivo e as habilidades inventivas e criativas compõem o capital intelectual da empresa e contribuem para que ela desenvolva novas formas de atuar em um mercado que está em constante mudança.

Quando uma pessoa tem experiência e competência relacionadas aos setores da empresa, dizemos que ela tem know-how empresarial e se torna muito valiosa. Pessoas com know-how têm mais conhecimento técnico para oferecer à empresa, e consequentemente têm mais chances de crescer profissionalmente. Uma empresa que possui know-how tem alto conhecimento a respeito dos seus procedimentos, das atividades que desempenha, das técnicas necessárias para executar seus processos, das informações sobre o seu produto ou serviço e do mercado em que atua. Se os seus concorrentes não têm esse conhecimento, esse é o seu diferencial perante eles.

6.4 DICAS SOBRE EMPREENDEDORISMO

Até aqui, a palavra empreendedorismo apareceu muitas vezes. Mas ser empreendedor é muito mais que apenas uma escolha, segundo Ricardo (2020). É visualizar uma necessidade do mercado, observando, por exemplo, quando as pessoas demonstram uma necessidade, mas o serviço ou produto que iria satisfazer essa necessidade ainda não existe. Aí o empreendedor cria esse produto ou serviço, aumentando suas chances de sucesso. Ele também é aquela pessoa que transforma um produto já existente, inova, vende de uma outra forma, traz para seu cliente além de algo "material", **valor**.

Empreender, conforme Ricardo (2020), está relacionado a transformar o mercado, oferecendo serviços e produtos inovadores que supram a necessidade das pessoas, e não somente a vender um produto ou serviço diferente.

Você é o empreendedor da sua vida. Já pensou nisso? Embora ser empreendedor não seja sinônimo de ser empresário, pois você pode ser empreendedor sem ser empresário. Consideraremos a seguir quando o empresário tem perfil empreendedor ou busca desenvolvê-lo.

Ter a possibilidade de conduzir o próprio negócio, gerar sua própria renda, aprender a liderar todos os processos de uma empresa, adquirir autodesenvolvimento, aprender com os erros e acertos, conquistar seus próprios investimentos por meio de seu trabalho e desenvolver empatia com as pessoas quando estiver liderando os processos. Isso é possível no empreendedorismo.

E como alcançar esse impacto positivo, essa inovação? Magalhães e Freitas (2020) comentam que não existe uma "receita" pronta que, ao ser seguida, possibilita a criação de negócios inovadores e de sucesso. Mas existem formas, passos, dicas para ser um bom líder empreendedor, que consiga obter ótimos resultados para o seu empreendimento, ter um relacionamento saudável e produtivo com as pessoas ao seu redor e ter o controle necessário sobre o ambiente em que atua.

Normalmente quando lemos sobre empreendedorismo de alto impacto o vemos relacionado a startups, que são negócios que possuem como pilares mais fortes a tecnologia e a inovação, segundo Magalhães e Freitas (2020). São empresas que crescem muito em um curto período, gerenciadas de uma forma inovadora e que têm um produto inovador, como por exemplo a Uber e a Netflix. Afinal, a forma de solicitar um transporte mudou, não há mais somente o táxi. E a forma de assistir ao filme que quiser não é mais indo à locadora de filmes – você lembra dessa época? A tecnologia veio para mudar a forma como esses produtos e serviços são oferecidos aos clientes.

Existem mais algumas características que um empreendedor de alto impacto tem, conforme um estudo realizado pela Endeavor (organização sediada na cidade de Nova York que apoia empreendedores com potencial de impacto econômico e social em suas regiões), citado por Magalhães e Freitas (2020):

1. tem conhecimento ou experiência no assunto, ou seja, começa algo que já conhece, inovando;

2. desenha seu negócio de forma que seja possível expandir, embora no início foca ter sucesso no mercado local;

3. é flexível em relação ao plano de negócios, porque ao longo da sua execução, muitas novidades aparecem e é preciso adaptá-lo rapidamente;

4. busca auxílio para reduzir riscos no seu negócio com conselheiros e investidores;

5. arrisca no investimento de novos negócios, pois tem experiência prévia em qualquer tipo de empreendimento.

É possível complementar aqui que ele busca treinamentos, cursos e capacitações; participa de workshops, palestras e eventos da área de sua empresa e outras áreas de interesse; realiza cursos de gestão de pessoas, de produção, administração, marketing, finanças, contabilidade etc. Esses momentos de aperfeiçoamento são muito valiosos, pois mesmo que a pessoa tenha talento ou dom para empreender, o conhecimento adquirido fará que seja cada vez melhor no que faz, tornando-se um empreendedor de alto impacto.

Alguns empreendedores têm um dom ou talento nato, mas outros precisam desenvolver habilidades para se tornarem empreendedores de alto impacto. Isso ocorre em todas as profissões, como aponta Segatti (2018). Um ator, por exemplo, pode ter habilidades de atuação e com isso conseguir desempenhar sua profissão com muita desenvoltura, qualidade e sucesso. Mas não significa que pessoas que não tenham esse talento nato não possam aprender a ser bons atores. Ele aponta que a diferença será que nessa segunda situação é preciso muito mais estudo, dedicação e esforço. E também faz um alerta importante. Muitas pessoas se equivocam por ter o dom e acham que não precisam aprender mais ou se esforçar, muitas vezes se autossabotando e se prejudicando, pois ao invés de evoluirem em suas atividades, retrocedem, devido a uma autoconfiança exagerada que acaba não sendo positiva.

Tenório (2014) também fala sobre o talento nato que muitos empreendedores têm, e que muitos empreendedores contam com uma energia acima da média para vencer desafios e com uma intuição privilegiada. Porém, ao longo do crescimento de seu negócio, cinco temas precisam de atenção, como veremos a seguir.

1. **Modelo inovador de negócio**: pergunte-se sempre quem é seu cliente. Observe onde ele faz as compras, anotando reações, buscando entender seus hábitos de consumo, e em que pontos sua demanda não é atendida. Observe também seus concorrentes, tendências tecnológicas e atualize constantemente seu modelo de negócio.

2. **Cultura organizacional**: analise como o trabalho e a empresa fazem sentido para a vida do colaborador. Quais valores pautam a rotina da empresa? A remuneração, prêmios, promoções e decisões são baseados na meritocracia? Onde a empresa quer chegar em 10 ou 15 anos? São perguntas que um empreendedor de alto impacto deve responder.

3. **Gestão orientada para resultados**: utilize um método, como o PDCA, por exemplo, para clarear aonde quer chegar, quais os passos a serem dados, quais ações corretivas precisam ser realizadas.

4. **Forme um time**: estruture os processos de forma que o atingimento das metas seja um ciclo de aprendizado e invista em processos de formação de equipe.

5. **Aplique boas práticas de governança corporativa para direcionar a tomada de decisão**, com o objetivo de alcançar resultados cada vez melhores.

Para ser um empreendedor de alto resultado, disruptivo, é preciso **conhecer o cliente**, compreender suas dores e suas necessidades, para resolver os seus problemas de uma forma mais dinâmica. Além disso, é muito importante **cuidar das pessoas** que estão ao seu redor, pois elas são o maior ativo de uma empresa e são elas que ajudarão o empreendedor a construir o sonho. **Compartilhar os conhecimentos** também é algo fundamental, considerando que é preciso dividir o que se tem para poder multiplicar. E, além disso, é preciso **saber liderar as pessoas** de modo que a gestão libere o potencial delas.

AGORA É COM VOCÊ!

Este é o momento de pensar em estratégias para alavancar sua empresa. Preencha o boletim diário de tesouraria para compor o fluxo de caixa da sua empresa. Anote em um caderno as respostas aos questionamentos a seguir. É interessante que de tempos em tempos você reflita sobre seu mix de marketing.

Meu mix de marketing

AVALIE O PRODUTO
Quais são os meus produtos?

_____

Quais benefícios oferecem?

_____

Como será apresentado ao cliente?

_____

Lançarei algum produto novo?

_____

AVALIE A PRAÇA
Localização da loja?

_____

Localização da marca?

_____

Como as entregas serão feitas?

_____

Quais os canais de suprimento?

_____

Preciso ajustar algo no layout?

_____

AVALIE O PREÇO

Quais os níveis de preço?

_____

Condições de pagamento e prazos oferecidos.

_____

Tenho retorno do valor investido?

_____

AVALIE A PROMOÇÃO

Há propaganda?

_____

Utiliza Redes sociais?

_____

Tem influenciadores?

_____

Quais meus próximos passos
para divulgar meu produto/serviço.

_____

CAPÍTULO 7

GESTÃO DE PESSOAS

Será que os protagonistas dessa história, Lucas e Bruna, conseguiriam gerir suas empresas sem apoio de nenhuma outra pessoa? Eles e você, conseguiriam fazer o negócio andar para a frente e crescer, totalmente sozinhos? Chiavenato (2004, p. 157) diz uma coisa com razão: "são as pessoas que fazem o negócio". E embora a empresa tenha muitos maquinários, tecnologia, equipamentos de última ponta, instalações modernas, tudo isso sem as pessoas não fará que a empresa atinja seus objetivos.

Chiavenato (2004) diz que os recursos, financeiros e físicos, que as empresas possuem, precisam ser moldados e ativados de forma a gerar resultados. São as pessoas que dão vida ao empreendimento, tornam o negócio inteligente, dão emoção e o transformam em um "organismo vivo".

Lucas, Bruna e outros empreendedores não conseguiriam fazer nada sozinhos, pois são as pessoas que proporcionam qualidade, produtividade, competitividade e excelência ao negócio.

Tanto o empreendedor quanto seus parceiros diretos precisam aprender a trabalhar em equipe e a valorizar as pessoas que trabalham na empresa. Compreender diferentes pontos de vista, delegar responsabilidades, confiar nas pessoas, permitir que elas falhem e aprendam com seus erros para que não repitam no futuro são os caminhos da lapidação de um bom líder.

São as **pessoas** que dão vida ao empreendimento, tornam o negócio inteligente, dão emoção e o transformam em um "**organismo vivo**".

7.1 A EMPRESA SÃO AS PESSOAS QUE TRABALHAM NELA

Unir pessoas diferentes em prol de um mesmo objetivo é o grande desafio da gestão de pessoas. Essas pessoas normalmente têm personalidades diferentes, egos, culturas distintas, ambições que as levam por determinados caminhos, características que em alguns casos as tornam conflitantes umas com as outras.

Se pensarmos, toda pessoa trabalha em coletividade, pois até mesmo aquela que empreende sozinha, digamos, que não tem funcionários, precisa interagir com clientes, com fornecedores etc. Segundo Alencastro (2013 p. 102),

> Toda pessoa que trabalha em coletividade está sujeita a interagir com outras pessoas, portadoras das mais diversas características individuais, consequentes de suas experiências de vida; em outras palavras, cada indivíduo carrega consigo uma "bagagem" de experiências que utiliza para reagir de forma diferenciada diante de determinada situação.

Algumas pessoas falam muito, são sensíveis a críticas, outras são agressivas, devido a sua história de vida ou por outros motivos. Também existem pessoas que são mais caladas, outras que são indecisas, outas que são meticulosas. Ainda existem os "sabe-tudo", os vaidosos, os que fazem questão de mostrar sua inteligência e seu conhecimento e os que são inseguros e que se queixam como defesa, segundo Alencastro (2013).

Trabalhar em uma empresa, ser empreendedor, implica em relações humanas e, para isso, é importante identificar o efeito que os comportamentos e as atitudes individuais causam no ambiente e nos outros, praticando autoavaliação e autoconhecimento, que é olhar para dentro de si mesmo, se observar "de fora", como se fosse outra pessoa olhando para você e procurar entender as atitudes negativas a fim de trabalhar eliminando-as para aumentar a eficiência e a qualidade do relacionamento com os colegas.

O gestor precisa se preparar para gerir de forma saudável e ética essa diversidade; assim como os colaboradores também precisam trabalhar de forma harmoniosa e saudável. Muitas vezes as pessoas, gestores ou subordinados, não exercitam o autoconhecimento e, por não se conhecerem bem, não veem claramente seus limites, seus comportamentos, e com isso os relacionamentos podem ser estremecidos. Para uma pessoa sentir-se bem com as demais e ter bom relacionamento com elas, antes é preciso estar bem consigo mesma, conforme diz Alencastro (2013 p. 101): "cada indivíduo deve buscar as 'chaves' para ampliar seu conhecimento interno, para daí construir melhores relações com as outras pessoas, melhorando assim seus ambientes de convivência diária".

Deve-se buscar o engajamento dessa equipe, para que todos os colaboradores se sintam tão envolvidos com o negócio que tenham vontade de divulgar a empresa nas mídias. É importante mostrar para eles que se trata de uma via de mão dupla, na qual a empresa cresce e o colaborador também. Mas não somente na teoria – buscando formas práticas e reais para fazer isso acontecer.

Uma estratégia de *endomarketing*, que são os processos de marketing direcionados para dentro da empresa, pode beneficiar e incentivar esse engajamento. Além disso, ter política de meritocracia, informalidade e sinceridade, reconhecendo as pessoas pelo seu talento e pela sua dedicação, para que cresçam aquelas pessoas mais dedicadas e mais comprometidas, que realmente estão empenhadas para que o grande sonho se torne realidade. Isso é um investimento em pessoas excelentes, e essas pessoas atraem outras pessoas excelentes, ampliando e fazendo crescer o capital humano da empresa.

Os treinamentos constantes são importantes para desenvolver habilidades e, assim, lapidar ou fazer florescer a possibilidade de as pessoas poderem demonstrar suas capacidades e seu comprometimento. Por mais que os colaboradores já saibam desempenhar suas funções, é importante treinar constantemente. Viabilizar treinamentos é como criar condições para que as pessoas possam ser cada vez melhores e com isso possam demonstrar os seus potenciais e méritos.

É como por exemplo uma equipe de futebol que já ganhou uma copa do mundo. Por que ela precisa treinar se já sabe jogar? Treina para sincronizar, para aumentar velocidade, para melhorar o entrosamento. O jogador que não treina perde as habilidades, atrofia. Por isso precisa treinar, reciclar, aprimorar, reestruturar, para que possa gerar resultados positivos constantes para a sua equipe. Assim, é importante pensar em programas de treinamentos regulares, mesmo que os colaboradores apresentem um pouco de resistência para isso.

Em contrapartida, como colaborador que faz parte de uma equipe saudável e ética, é interessante sempre fazer um pouquinho mais, tendo dedicação e entusiasmo para fazer além daquilo que é pago para fazer. Destinar uma porcentagem de seu trabalho para investir em formação é algo muito importante e que vai ajudar o colaborador a desempenhar melhorar sua função e se destacar. Em qualquer empreendimento há uma relação de troca, das horas do funcionário por seu trabalho. Então, se ele estiver motivado, mostrará o seu valor para a empresa.

No entanto, é importante reforçar que nem todas as pessoas são bem-intencionadas e que às vezes, infelizmente, existem ao redor e dentro da empresa pessoas com atitudes que prejudicam os menos protegidos, causando danos e sofrimentos injustos, como assédios morais e psicológicos, conforme Alencastro (2013). Essas pessoas fazem colegas de trabalho adoecerem e possuem algumas atitudes como:

- jogar sujo para atingir os objetivos, agindo de má-fé;
- tirar proveito dos outros, criando transtornos, para crescer hierarquicamente;
- não respeitar as regras mínimas de boa convivência social e das relações humanas.
- usar de violência para atingir objetivos e saciar seus desejos.

Relacionamentos com essas pessoas fazem que o clima no trabalho seja insustentável. O clima ético da empresa é abalado, sendo carregado de nervosismo, transtornos psicológicos, ira ou mágoa.

Um bom gestor precisa estar atento a isso, pois a empresa são as pessoas que trabalham nela. Portanto é muito importante que o empreendedor esteja atento a esse tipo de atitude, e a reprima, corrija, orientando as pessoas a não procederem dessa forma. É importante filtrar, pois pessoas que fazem o que foi citado podem prejudicar muito a empresa. São negativas e têm atitudes comprometedoras que não vão colaborar para o crescimento da empresa.

Alencastro (2013) dá uma primeira dica importantíssima, que é a de não se transformar em uma pessoa assim; refletir sobre esses pontos e pensar que nem como gestor, empreendedor ou colega de trabalho deve-se ser uma pessoa assim, mas que ao contrário, deve-se prezar por um bom clima no trabalho, de parceira, de construção coletiva, colaborando para a evolução positiva de todos os envolvidos com a empresa.

Se estiver diante de pessoas com atitudes ruins mencionadas nos tópicos anteriores, algumas medidas simples poder ser tomadas para se proteger, como diz Alencastro (2013):

- manter a calma e ter uma conduta adequada mesmo diante de provocações;
- não fazer nada de errado para não ser objeto de chantagem;
- manter cautela no que diz ou faz quando estiver diante desse tipo de pessoa;
- pedir conselhos a pessoas mais sensatas e ajuda profissional, se existir na empresa;
- documentar-se, pois em situações extremas como assédio pode ser muito útil;
- dividir angústias com pessoas em que confie muito.

O empreendedor precisa refletir sobre o perfil de pessoa que quer dentro da sua empresa. É muito importante ter ao seu redor pessoas honestas, éticas, respeitosas, positivas, que compartilhem sonhos e que tenham vontade de crescer, de forma saudável, pois elas crescerão junto com a empresa.

O empreendedor precisa refletir sobre o **perfil de pessoa** que quer dentro da sua empresa. É muito importante ter ao seu redor pessoas honestas, éticas, respeitosas, positivas, que compartilhem sonhos e que tenham **vontade de crescer**, de forma saudável, pois elas crescerão junto com a empresa.

Parece utopia, mas não é. Ao parar para pensar sobre isso, vemos que a maioria das pessoas passa a maior parte da vida trabalhando; logo, as relações no trabalho precisam ser saudáveis, caso contrário todos saem perdendo. Os comportamentos positivos citados aqui beneficiam a vida pessoal também, pois a busca pelo equilíbrio e o cultivo de relações humanas saudáveis é uma forma de contribuir para um ambiente mais saudável e de melhorar a nossa qualidade de vida.

7.2 HABILIDADES DE LIDERANÇA

Liderança e ética sempre estarão interligadas, pois um bom líder define suas ações com base na ética. Embora a ética não seja algo que deva acompanhar apenas o líder, mas todos os colaboradores da empresa, de acordo com Alencastro (2013), quanto mais alto é o cargo da pessoa, mais ético deve ser seu comportamento. Podemos dizer que isso se deve a essa pessoa ser exemplo para muitas outras.

Weill (1992, p.47 apud Alencastro 2013) fala que "viver com os outros nem sempre é coisa fácil. Mais difícil, ainda, é trabalhar com pessoas estranhas, em contato quase que diário, sobretudo quando não se está preparado para isso". Por isso, é preciso que os gestores busquem desenvolver habilidades de liderança para conduzir melhor as relações pessoais dentro da sua empresa.

Muitos problemas acontecem na empresa devido a uma liderança ineficaz, e muitos gestores confundem uma gestão de liderança com autoritarismo, sendo que são coisas bem diferentes. Essa confusão faz surgir chefes autoritários que fazem as pessoas cumprirem suas ordens por medo de repreensão ou até de demissão. Já um líder estimula que as pessoas o sigam e demonstra valor no que faz. Essa confiança e sensação de valor causam o engajamento tão necessário para o bom andamento de uma equipe.

Um líder é diferente de um chefe para Alencastro (2013) e para muitos outros autores. O chefe é aquele que se contenta com tarefas, enquanto o líder consegue entusiasmo de seus colaboradores, faz que eles se interessem pelo trabalho, cooperem e sejam comprometidos. Weil (1992, p. 63, apud Alencastro, 2013) diz que o "líder é todo indivíduo que, graças à sua personalidade, dirige um grupo social, com a participação espontânea de seus membros".

E como conseguir ser um bom líder? Algumas pessoas já nascem com essas características, e outas precisam desenvolvê-las. O Sebrae apresenta 6 habilidades de liderança que o empreendedor precisa ter ou desenvolver para realizar uma boa gestão de pessoas da sua empresa.

1. A primeira habilidade citada pelo Sebrae é a **boa comunicação**. E vemos que novamente a comunicação é apontada como algo muito importante para uma boa gestão de pessoas. Um líder habilidoso demonstra empatia, facilita, participa, lamenta e critica. Os subordinados normalmente emitem estímulos psicológicos, e verdadeiros líderes conseguem percebê-los e dessa forma são o apoio para soluções de problemas que podem surgir no dia a dia.

2. O **equilíbrio emocional** também é muito importante, afinal, nem todos os dias serão calmos e tranquilos. Os líderes que têm equilíbrio emocional conseguem liderar as pessoas focando produtividade e bem-estar de todos. São capazes de atingir a equipe de forma positiva e têm a credibilidade de seus liderados.

3. A **empatia** é uma característica essencial para o líder e é a habilidade de se colocar no lugar do outro e de entender determinados problemas ou situações pelos dois lados existentes. Com essa habilidade, ele se coloca no lugar do outro e enxerga clientes, fornecedores e principalmente subordinados como pessoas que têm hábitos, emoções e história de vida. A ideia dessa habilidade é tratar as pessoas como gostaria de ser tratado, optando pela democracia e pela compreensão.

4. **Flexibilidade** é outra habilidade importante e que contagia os liderados, tornando-os mais flexíveis também. Quem a

possui tem mais facilidade de adequar-se às novas realidades. Algo que deve vir de cima para baixo, pois quando o líder tem essa habilidade deixa a equipe mais confiante para encarar as mudanças que eventualmente sejam necessárias.

5. Bons líderes também têm **facilidade em assumir responsabilidades** junto aos seus superiores, subordinados, e até mesmo ao mercado e à opinião pública. É uma habilidade que tem efeito direto na motivação das pessoas, pois elas sentem segurança na pessoa que está a sua frente, que as conduz e sentem que são protegidas de forma ética e verdadeira por essa pessoa para desempenhar suas atividades. Facilidade em assumir riscos é uma habilidade necessária em bons líderes. E não é uma tarefa fácil, pois exige muito equilíbrio mental e preparo emocional para lidar com as situações e encarar suas fraquezas, limitações, gerenciando seus pontos fortes e fracos. Mas é algo que faz parte do processo para alcançar o sucesso e que colabora para o atingimento de metas ambiciosas.

6. E a sexta habilidade diz respeito a ter **percepção afiada**, que se refere à capacidade de se antecipar a certos problemas. Uma habilidade que é desenvolvida com o passar do tempo e para isso é preciso atenção aos sinais que estão ao seu redor.

Além dessas qualidades, podemos citar a importância de proporcionar empoderamento para as pessoas, demonstrando que confia naqueles que estão ao seu redor.

Ser um líder transformador é ser alguém que percebe o potencial de cada pessoa e fica feliz com seu crescimento. Por meio da motivação, procura extrair o melhor de cada pessoa, e possui fortes virtudes morais e éticas as quais transmite aos outros pelo seu exemplo, de acordo com William Hitt, que é um filósofo e professor da Universidade de Columbus (EUA), mencionado por Alencastro (2013). Hitt apresenta os dez mandamentos do líder, conforme Alencastro (2013, p. 118):

> Respeitar o ser humano, acreditando em suas possibilidades, as quais são imensas.

Confiar mais no grupo do que em si mesmo.

Não criticar uma pessoa em público, e elogiar diante do grupo os aspectos positivos de cada um.

Dar o exemplo, em vez de criticar o tempo todo.

Procurar a cooperação de cada um, evitando dar ordens o tempo todo.

Dar a cada um o seu lugar, levando em consideração gostos, interesses e aptidões pessoais.

Não tomar iniciativa de uma responsabilidade que pertença a outra pessoa.

Consultar membros do grupo antes de tomar decisões importantes que envolvem interesses comuns.

Explicar aos membros do grupo antes de agir, explicando o que vai fazer e por quê.

Guardar neutralidade absoluta e evitar tomar parte em discussões.

Anteriormente, o relacionamento das pessoas nas organizações era uma relação de ganhar-perder, na qual para uma parte ganhar mais a outra precisava perder. Segundo Chiavenato (2020, p. 8), acreditava-se que os objetivos das empresas como lucro, produtividade, eficácia e redução de custos eram incompatíveis com os objetivos individuais das pessoas, como salários e benefícios, lazer, segurança, conforto no trabalho, desenvolvimento e progresso pessoal. Mas essa é uma visão antiquada que gera prejuízo e atrasa o crescimento da empresa. Uma empresa que tem visão é preparada para ser grande, e quer alcançar seus objetivos da melhor maneira. Para isso, precisa canalizar os esforços das pessoas para que também atendam a seus objetivos individuais e, assim, ambas as partes saem ganhando.

Uma empresa que tem visão é preparada para ser grande, e quer alcançar seus objetivos da melhor maneira. Para isso, precisa canalizar os esforços das pessoas para que também atendam a seus objetivos individuais e, assim, ambas as partes saem ganhando.

7.2.1 ERROS NA GESTÃO DE PESSOAS

Nem sempre as coisas na empresa acontecem como deveriam, o que gera pessoas desmotivadas, tristes e insatisfeitas e um clima organizacional pesado, com brigas e improdutividade. Mas por que isso acontece se, afinal, as pessoas devem ser gratas por terem um emprego?

Sim, com certeza quem tem um emprego deve ser muito grato, pois as pessoas precisam do salário para manter os gastos das suas vidas, precisam se sentir produtivas e precisam estar em contato com outras pessoas. Essa relação de troca, proveniente das relações que se têm no trabalho, é muito rica para o crescimento pessoal e não só profissional.

Mas há certos casos em que o trabalho causa uma sensação ruim, de improdutividade, de cansaço. O clima ruim no trabalho ocasiona atrasos, faltas, desatenção, e até problemas mais sérios, como doenças nas pessoas que estão envolvidas com a empresa. Você já passou por uma situação assim, ou observou isso ocorrendo em alguma empresa ou até mesmo no seu empreendimento? Por isso, é muito importante refletir sobre alguns erros que são cometidos na gestão de pessoas, conforme Pinto (2016):

- **Desconsiderar as pessoas**

  A herança ruim de tempos antigos, que era mal olhar para o funcionário se os horários fossem cumpridos e lembrar dele só quando algo errado acontecesse deve ser abandonada. As pessoas da empresa devem ser tratadas com consideração e precisam receber orientação e se sentir incentivadas. Tratar os membros da equipe como gostaria de ser tratado é o primeiro passo para uma relação saudável dentro da empresa

- **Comunicar-se mal ou não se comunicar com a equipe**

  Podermos dizer que o primeiro agravante para uma má gestão de pessoas é uma comunicação ruim. Se tudo estiver

Uma empresa que tem visão é **preparada para ser grande**, e quer alcançar seus objetivos da melhor maneira. Para isso, precisa canalizar os esforços das pessoas para que também atendam a seus objetivos individuais e, assim, ambas as partes saem ganhando.

bem, é importante chamar a equipe para conversar e expor os pontos positivos. Se o negócio estiver necessitando de mais garra ou se houver algum problema a ser resolvido, também deve-se chamar o pessoal para uma conversa, explicando claramente os pontos a melhorar, sanando dúvidas e pedindo apoio de todos.

Se houver problemas de comunicação ou dificuldades devido à falta de habilidade nessa área, invista em treinamentos e faça uma autoavaliação, pois a pessoa que está à frente da empresa precisa ser alguém acessível e que tenha facilidade de comunicação. Ser um bom comunicador não significa que não será preciso chamar a atenção de seus subordinados, por exemplo, mas diz respeito a reduzir essa necessidade, pois estes, ao receberem instruções mais claras, tendem a falhar menos; ainda, diz respeito a como dar esse feedback para melhoria dos trabalhos, quando necessário.

- **Assumir metas e tarefas impossíveis de cumprir**

  Na tentativa de satisfazer o cliente, por vezes pode-se acabar expondo a sua equipe a situações ou atividades que não são possíveis de realizar, seja por pouco prazo ou por condições de trabalho inadequadas. Então, é preciso assumir tarefas que sejam possíveis de cumprir, para conseguir atingir os objetivos da empresa e também para não deixar os funcionários frustrados com metas inalcançáveis.

7.2.2 AVALIAÇÕES DE DESEMPENHO

A avaliação de desempenho é uma importante ferramenta para gestão de pessoas, pois com ela é possível avaliar os colaboradores com equidade sem perder o foco nos objetivos da empresa e na lapidação dos talentos das pessoas que dão vida a ela. É importante que a empresa, antes de aplicar, avalie o nível de maturidade de sua equipe, pois talvez seja necessário fazer um trabalho de preparação, mostrando os benefícios e como a avaliação é algo valioso para o crescimento das pessoas e da empresa, e não algo com intenção punitiva.

Existem alguns tipos de avaliação de desempenho que serão apresentadas aqui para auxiliar Lucas, Bruna e outros empreendedores, que podem ser aplicadas nas empresas para realizar uma melhor gestão de pessoas, segundo Pinto (2003).

- **Autoavaliação**

  A autoavaliação é feita pelo próprio colaborador sobre ele mesmo. De forma autocrítica, a pessoa pode observar no que pode e precisa melhorar. Com essa avaliação, é possível observar os talentos e as vontades dos colaboradores manifestos neste momento e que não eram visíveis antes.

  Um ponto de desafio ao aplicar essa avaliação é que muitas vezes as pessoas não querem falar sobre seus pontos negativos, inseguranças, ou qualquer outra informação que possa desaboná-las. Então, para minimizar isso e incentivar a participação de uma forma real e sincera, é preciso que essa equipe já tenha construído anteriormente uma relação de confiança, na qual as pessoas que compõem a empresa se sintam à vontade para fazer essa autoavaliação.

- **Avaliação por competências**

  Na avaliação por competências é possível avaliar alguns dados como competências comportamentais – atitude, postura, comprometimento, visão crítica, proatividade, capacidade de relacionamento, trabalho em equipe e responsabilidade –, e técnicas como conhecimentos de softwares, equipamentos, capacitações e cursos. É um tipo de avaliação que se encaixa com a ideia da meritocracia, pois avalia as competências da pessoa que faz parte da equipe.

- **Avaliação do gestor**

  Anteriormente essa avaliação era muito utilizada. A avaliação do líder ou gestor analisa, de acordo com a sua visão, a performance dos seus subordinados. Portanto, o avaliador precisa ser muito maduro e preparado para fazer essa avaliação.

A desvantagem desse tipo de avaliação é que a avaliação é feita do ponto de vista de uma única pessoa e, dessa forma, pode não refletir totalmente a realidade. Além disso, o ponto de vista do colaborador pode não ser levado muito em consideração, o que pode ser prejudicial para a evolução da equipe.

- **Avaliação 360 graus**

É uma tendência de avaliação que enriquece o processo e aumenta as chances de sucesso da avaliação, em que todos os envolvidos com os colaboradores são ouvidos: líderes, subordinados, colegas, fornecedores e até clientes.

7.3 DICAS PARA CONSTRUIR E FORTALECER RELACIONAMENTOS COMERCIAIS

Um bom relacionamento comercial é estabelecido por meio da proximidade com o cliente e pode fazer que a empresa se diferencie de seus concorrentes. Isso ocorre quando uma equipe torna agradável o contato entre a empresa e o consumidor, e aumenta as chances de o cliente voltar a fazer negócios com a empresa, segundo Deweik (2016).

Ele também aponta que em muitos casos as empresas pecam nesse contato e o enfraquecem, com comportamentos como recepção ruim, demora, falta de tato e desorganização – estas são condutas inadequadas para quem quer fidelizar um cliente e construir um bom relacionamento com ele.

Deweik (2016) lembra das vezes em que um cliente entra na empresa e parece que o vendedor está prestando um favor a ele, tratando-o até com desprezo. Esse tipo de comportamento afeta negativamente o relacionamento entre cliente e empresa, e esta com certeza sairá perdendo.

Mas, quando ocorre o contrário – o cliente é bem tratado e o atendimento é feito com qualidade, atenção e dedicação, é muito provável que o cliente indique a empresa para outras pessoas.

Para casos em que é necessário melhorar o atendimento, é preciso que o empreendedor reflita e aprimore alguns pontos, como:

- **ser empático** – quando for atender o cliente, pense exclusivamente nele, em quais são necessidades e, caso você fosse o cliente, como gostaria de ser tratado.

- **investir em confiança** – a confiança é a base de qualquer negócio; logo, deve-se investir em um relacionamento de confiança, prezando pela verdade, sendo cuidadoso e gentil.

- **resolver problemas rapidamente** – esteja sempre em contato com o cliente, e ofereça soluções que realmente funcionem.

- **estar atento ao feedback** – mesmo que ele venha daquelas pessoas que estão sem paciência. Utilize os feedbacks que os clientes dão para corrigir possíveis falhas.

- **investir em promoções exclusivas** – quando a empresa ouve o cliente, sabe o que ele quer e faz promoções mais direcionadas para atender às suas necessidades.

O relacionamento comercial é algo que precisa ser lapidado. Com atenção, dedicação e avaliação constante é possível analisar pontos a melhorar e determinar ações que aproximem a empresa dos clientes, criando com eles um relacionamento saudável e duradouro.

7.4 DICAS PARA ATRAIR BOAS PESSOAS PARA SUA EMPRESA

A empresa só tem a ganhar quando contrata boas pessoas, pois elas atraem outras boas pessoas. Mas como é possível alcançar essa qualidade de colaboradores, tendo no quadro de pessoal funcionários comprometidos e capacitados e com outras qualidades que impulsionarão a empresa para a frente?

Tavares (2017) apresenta algumas dicas que levam a essa reflexão. **Ter uma boa descrição das vagas** é o primeiro passo para atrair bons funcionários, pois somente pessoas que se encaixam no perfil enviarão currículos para a vaga. Mostrar quais são os **benefícios oferecidos**, estar aberto a **negociações** e **promover um bom clima organizacional** são outros pontos importantes a serem avaliados pela empresa que quer atrair boas pessoas, pois isso demonstra que a empresa é aberta a dialogar e a ouvir, sendo vista como uma boa empregadora. Escolher a **mídia certa para divulgação** e fazer **parcerias com agencias de empregos** também é uma boa estratégia para fazer esse primeiro filtro e encontrar as pessoas certas para compor o seu quadro de pessoal. Oferecer **oportunidades de desenvolvimento ao colaborador**, oferecer **cursos e treinamentos aos funcionários** e investir em **saúde ocupacional** é uma forma de estimular as pessoas a desenvolverem suas qualidades e demonstrar que se preocupa com elas.

A empresa que tem boas qualidades e busca pessoas "parecidas" com ela só tem a ganhar. Por exemplo, se é uma empresa que preza por idoneidade e ética e busca funcionários que sejam idôneos e éticos, eles tendem a trabalhar em harmonia e de forma mais eficiente e produtiva. O funcionário se sente satisfeito e realizado em estar na empresa, assim como ela se sente realizada e feliz por ter esse funcionário em sua equipe. Essa realização e esse sentimento positivo fazem que esse funcionário fortaleça a marca da empresa, fazendo um marketing positivo para ela, colaborando para o crescimento da empresa e dele próprio.

AGORA É COM VOCÊ!

Um momento de autorreflexão. Olhe para você e reflita sobre quais das características a seguir o(a) definem. Grife-as e reflita se precisa aprimorar alguma delas.

Autoavaliação

Eu como líder

Grife os comportamentos que o(a) definem:

Sou o exemplo?

Sei ouvir?

Dou feedback?

Assumo responsabilidades?

Sei pedir ajuda?

Confio em mim e na equipe?

Estou em constante evolução?

Sei tomar decisões?

Reconheço méritos dos outros?

Tenho humildade?

Consigo motivar o time?

Reconheço minhas limitações?

Acima estão 12 características de um(a) líder de sucesso — peça fundamental do sucesso de uma empresa.

CAPÍTULO 8

GERENCIAMENTO DE PEQUENAS EMPRESAS

Uma pequena empresa normalmente nasce de uma necessidade, como diz Duton (2012), ou, em alguns casos mais críticos, de um autoemprego para o empreendedor. Mas essa pequena empresa precisa permanecer sempre do mesmo tamanho ou ser gerenciada com menos preocupação do que uma empresa maior?

De forma alguma. Existem muitos pontos a serem observados por esse empreendedor que criou uma pequena empresa, mas quer que seu negócio seja próspero, evolua e cresça cada vez mais.

As pequenas empresas são extremamente importantes, tanto para os empreendedores que as idealizaram quanto para a economia do País. Segundo Duton (2012), as pequenas empresas compõem 54% dos empregos formais e 20% do PIB e, nos últimos tempos, essas porcentagens tendem a ser bem maiores.

Mas o que o empreendedor precisa fazer para a pequena empresa crescer próspera e forte?

Além de muitas outras ações, podemos dizer que buscar formas de tornar a empresa enxuta, elaborar um plano de gerenciamento de risco e investir em marketing para pequenas empresas são algumas maneiras de direcionar a empresa para o sucesso.

8.1 VANTAGENS DE UMA EMPRESA ENXUTA

Uma empresa enxuta é aquela voltada para resultados e que investe no crescimento de vendas. A empresa enxuta é mais flexível e resiste melhor em tempos de crise, suportando eventuais novos ciclos negativos.

O investimento deve ser bem pensado e direcionado para coisas que agreguem valor ao cliente. Por exemplo, com relação ao pessoal, ao invés de contratar mais, é interessante dinamizar e investir em treinamento e aprimoramento do seu próprio pessoal.

Segundo o Sebrae (2016), parece complicado diminuir gastos, mas não é, pois existem formas de facilitar esse processo. Os empreendedores precisam avaliar constantemente suas ações, identificando e eliminando desperdícios, que são gastos desnecessários, e diminuir custos, para que a empresa se torne mais enxuta, eficaz, competitiva e entregue mais valor aos seus clientes.

Lucas e Bruna precisam ficar atentos aos desperdícios, pois eles tomam tempo e não agregam valor do ponto de vista do cliente às atividades da empresa. E quais são esses desperdícios com os quais eles precisam se preocupar?

A mentalidade enxuta, ou *leanthinking*, é oriunda do Sistema Toyota de Produção. Segundo o Sebrae (2016), ela está ligada a alguns desperdícios como: defeitos, excesso de produção, espera, transporte e movimentação, processamento e estoque. A seguir veremos detalhadamente alguns deles.

- **Defeito**

    É tudo que durante a produção resulta em algo problemático e em retrabalho, em que será necessário utilizar mais recursos, como por exemplo: produtos com partes faltantes, erradas ou quebradas, serviços prestados de forma errada, atendimento inadequado.

E quais são as possíveis causas dos defeitos? Processos deficientes, falhas nas especificações dos produtos, fraco controle de processo, baixa qualificação de profissionais, baixa qualidade de ingredientes ou materiais. Como reduzir os desperdícios decorrentes dos defeitos? O Sebrae (2016) orienta planejar a produção e o estoque, estabelecer processos eficientes, criar listas de verificação para facilitar o entendimento e o monitoramento pelos funcionários, padronizar atividades, fazer gestão visual dos processos, projetar medidas de prevenção de defeitos e buscar a melhoria contínua dos processos.

- **Excesso de produção**

É produzir demais antes do necessário, em relação à necessidade do mercado ou ao processo seguinte de produção. É interessante observar que isso está ligado à produção da empresa mas também aos processos, em que ocorre desperdício de tempo e recursos. Isso ocorre quando, por exemplo, adiantam muito o trabalho antes que o próximo processo seja concluído ou absorva essa produção, produzem para fazer estoque, mesmo sem ter previsão de demanda, ou seja, produzem mais do que o cliente quer, produzem documentos administrativos ou de marketing em excesso, como cópias, panfletos e folders, produzem relatórios informativos muito longos, que desestimulam a leitura, e requisitam e processam informações que não serão utilizadas.

Quais são as principais causas do excesso de produção? Quando há excesso de capacidade de equipamentos ou pessoal, quando há falhas no planejamento de produção, quando há falta de padrão nos produtos, quando não utilizam listas de verificação para os processos ou atividades, quando há política na empresa de prêmio por produção sem controle do limite de quantidade.

Como reduzir os desperdícios decorrentes do excesso de produção? O Sebrae (2016) diz que o que pode ajudar é:

planejar a produção conforme demanda real e não estoque, padronizar atividades, aplicar recursos certos, na quantidade certa, no tempo exato e no local determinado, criar ferramentas que facilitem o controle e a gestão visual dos processos, estabelecer indicadores e monitorá-los com frequência.

- **Espera**

É o tempo que os profissionais, clientes ou equipamentos precisam esperar até a próxima ação. Segundo o Sebrae (2016), essa improdutividade é um desperdício e impacta diretamente os custos da empresa. Está ligada a: espera por ferramentas ou instrumentos para poder trabalhar, assinatura de um documento para que o processo continue seguindo, falta ou atraso na entrega de insumo ou material, manutenção de equipamentos feita de forma não programada, espera prolongada do cliente para ser atendido.

Quais são as principais causas da espera? Processos desnivelados entre si, falta de planejamento de produção, profissionais ou equipamentos com capacidades reduzidas, falta ou atraso de insumos e materiais ou não há um fluxo contínuo de atividades.

Como reduzir os desperdícios decorrentes da espera? Planejar processos para que aconteçam em um fluxo contínuo, itens únicos ou em pequenos lotes, programar melhor a disponibilidade dos insumos, materiais, informações e demais recursos, balancear as cargas de trabalho, agilizar o tempo entre o pedido feito pelo cliente e a entrega do produto/serviço.

- **Transporte e movimentação**

Desperdícios no transporte são referentes aos movimentos desnecessários ou ineficientes de insumos, utensílios, equipamentos ou informações. E desperdícios na movimentação dizem respeito a layout inadequado dos móveis, instruções não padronizadas e ambiente de trabalho desorganizado.

Segundo o Sebrae (2016), se profissionais, clientes, insumos, equipamentos, materiais ou qualquer outro recurso são movimentados de um lugar para outro, de maneira ineficiente e desnecessária, há o desperdício no transporte e na movimentação. Esse desperdício ocorre quando insumos, materiais ou informações são enviados para locais errados ou no momento errado, quando o trajeto do deslocamento é maior do que o necessário devido à distância de uma rota mal planejada ou devido aos custos de entregas urgentes.

Quais são as principais causas do desperdício no transporte? Fornecedores distantes, trajetos ou processos ineficientes, disposição ineficiente de equipamentos, profissionais ou insumos.

Como reduzir os desperdícios decorrentes do transporte e movimentação? Analisar e desenvolver um layout aproximando as diversas fases do processamento, de modo a facilitar um fluxo contínuo de operações, identificar bem os insumos, materiais e equipamentos para facilitar a sua localização e deixá-los próximos dos locais em que serão utilizados, e definir rotas de entrega que agilizem o processo e economizem tempo. Além disso é importante manter o ambiente sempre limpo e organizado, descartar tudo que não for útil para aquela área, e reorganizar o ambiente, redesenhando processos para criar fluxos contínuos.

Para que a empresa repense sua forma de atuar e atue de forma enxuta, é preciso olhar para os desperdícios e eliminá-los ou ao menos reduzi-los, e para conseguir fazer isso, antes de tudo, é preciso identificá-los e mensurá-los, para entender qual é o seu tamanho e o seu impacto, e então o próximo passo é criar planos de ação para redução e eliminação dos desperdícios, que serão implementados por um responsável.

Segundo o Sebrae (2016), reavaliar processos para que assegurem qualidade e para que sejam eficazes desde a primeira vez resulta em clientes satisfeitos, maior segurança dos clientes e dos profissionais e maior lucratividade.

8.2 PLANO DE GERENCIAMENTO DE RISCO

Decidir empreender não é para qualquer um. Algumas pessoas preferem trabalhar para outras pessoas do que estar à frente de seu próprio negócio. Um dos motivos para isso é a sensação de segurança quando não se está à frente do negócio como dono ou dona. Se o negócio falir e a pessoa perder o emprego, ela irá procurar emprego em outro lugar. Já se essa pessoa for dona do negócio e ele fracassar, ela perderá muito mais do que o emprego.

Empresas grandes e pequenas têm muitos riscos para administrar. Mas o risco é ampliado quando se trata de uma pequena empresa, pois uma perda de dinheiro pode impactar potencialmente a sobrevivência dela. Logo, montar um plano de gerenciamento de riscos, classificando, acompanhando com frequência, e incluindo um plano de contingência, é imprescindível para uma pequena empresa.

Aproximadamente 42% das startups não têm sucesso e fecham, pois não há demanda para o produto que estão tentando vender. Isso pode ser visto como um risco que deveria ser estudado antes do negócio começar a operar.

O processo de construção de um plano de gerenciamento de risco envolve a criação de um projeto que seja capaz de expor a empresa ao menor risco possível por meio da definição de alguns procedimentos. E existem três etapas para a elaboração desse plano: identificação, avaliação e ação.

- Na **identificação**, os proprietários do negócio devem elaborar uma lista dos riscos potenciais que podem prejudicar e afetar o negócio. Esses riscos potenciais estão envolvidos com estratégias do negócio, leis que regulamentam o negócio, riscos relacionados a operações do dia a dia, riscos financeiros e riscos de reputação.

- A **avaliação** envolve analisar os riscos que foram levantados no momento anterior. É interessante observar aqui a probabilidade de o risco ocorrer a primeira vez, de ocorrer novamente e a sua gravidade. Estar ciente dos impactos dos riscos ajuda a pensar em formas de mitigá-los.

- A **ação** é a fase que envolve a determinação de ações que precisam ser tomadas se certos riscos acontecerem.

É importante lembrar que a gestão de riscos é um processo contínuo que não termina quando o negócio estiver funcionando, mas sim algo que deve ser constantemente monitorado e ajustado ao longo do tempo e que traz muitos benefícios para a empresa.

Quando a empresa tem um plano de gestão de risco sólido e o executa bem, alcança alguns pontos positivos. Melhorar o faturamento da empresa é um deles. Com essa atitude, ela também melhora sua eficiência, pois um plano de gestão de risco permite a correção de problemas que podem causar diminuição da qualidade do produto ou serviço que a empresa oferece. Da mesma forma, quando é proativa no gerenciamento de seus riscos, alcança o fortalecimento de sua marca.

Uma alternativa para realizar a gestão de risco da empresa é aplicar a ferramenta 5W2H, surgida no Japão, que, segundo Campos (2018), compreende uma série de perguntas que contemplam um plano, que, neste caso, será o de gerenciamento de risco. As perguntas são: What (o quê), Who (quem), When (quando), Where (onde), Why (por quê), How (como) e How Much (quanto custa), e com elas é possível traçar os passos da empresa para identificar, avaliar e agir no enfrentamento de riscos com os quais seu negócio se depara.

Exemplificando com o restaurante de Lucas. Ele tem um risco, que é o aumento do preço dos alimentos — isso seria o What (o quê). Quem poderia ficar responsável por encontrar fornecedores mais baratos? Quando ou qual é o prazo para conseguir essa informação? Onde esses fornecedores estarão localizados? Por que foram escolhidos? Como serão feitos os processos de entrega e demais negociações? Quanto custará ou qual é o benefício financeiro dessa ação?

Ao final desse capítulo será o momento de você colocar a mão na massa e pensar nos riscos que envolvem seu negócio que, segundo o Sebrae (2016), podem ser sazonais, por efeito da economia, por controles governamentais, por existirem monopólios, por ser um setor em estagnação, pelo fato de o negócio exigir muito conhecimento técnico, pelo fato de o negócio exigir licenças especiais etc.

8.3 MARKETING DE CONSULTORIA PARA PEQUENAS EMPRESAS

Elaborar estratégias de marketing não diz respeito só a grandes corporações, pelo contrário, é uma ação decisiva para pequenas empresas.

No capítulo 6 você já ampliou seus conhecimentos envolvendo marketing. Dentre vários assuntos, mencionamos como a análise SWOT é importante para o empreendedor.

Segundo Dornelas (2021), é importante procurar identificar cenários de ordem macroambiental que afetam diretamente a empresa. Dornelas (2021, p. 165) nos apresenta uma tabela para realizar a análise do ambiente externo, observando oportunidades e ameaças.

Cenário	Oportunidades	Ameaças
Tecnológico		
Político-jurídico		
Sociocultural		
Demográfico		
Econômico		
Empresarial		

Fonte: Dornelas (2021, p. 165).

O autor faz uma observação importante: identificar ameaças ou pontos fracos não significa incompetência da empresa, pelo contrário, é sinal de inteligência, pois quem conhece as suas fragilidades busca formas de minimizá-las, para reverter em oportunidades e pontos positivos.

Por isso, é interessante o empreendedor analisar também o quadro seguinte, o qual o leva a refletir sobre forças e fraquezas relacionadas ao marketing de sua empresa, de acordo com Dornelas (2021, p 166):

Checklist para análise de desempenho de forças e fraquezas								
	Desempenho					Grau de importância		
	Força importante	Força não importante	Neutro	Fraqueza importante	Fraqueza não importante	Alta	Média	Baixa
Marketing								
1. Reputação da empresa								
2. Participação de mercado								
3. Qualidade do produto								
4. Qualidade do serviço								
5. Eficácia do preço								
6. Eficácia da distribuição								

Fonte: Dornelas (2021, p. 166).

Bruna e Lucas sempre tiveram muitas dúvidas com relação ao que deviam fazer concretamente para tornar suas empresas mais lucrativas e prósperas, pois o dia a dia com a prática do seu negócio, preparando alimentos ou vendendo cosméticos, fazia que não sobrasse muito tempo para pensar em outros aspectos do negócio. O primeiro passo para tentar descobrir alternativas foi conversar com colegas que também são empresários empreendedores e a ideia veio de um lugar que Lucas jamais imaginaria.

Ao conversar com seu dentista, começaram a trocar ideias sobre negócios, e ele comentou com Lucas que a sua maior dificuldade era se distanciar um pouco do seu foco, que era "cuidar da dentição das pessoas". Lucas comentou com ele que também tinha muita dificuldade em se distanciar da cozinha, porém, como era proprietário do restaurante, sentia que precisava se inteirar ainda mais de outros aspectos do seu negócio.

Alguns empresários focam muito a atividade principal da empresa, como no caso de Lucas. O que é natural, pois decidem abrir o negócio por justamente se identificarem com aquela atividade, aquele é o seu sonho — preparar alimentos. Mas alguns se esquecem de buscar formação em outras áreas que são muito importantes para alavancar o negócio. Já imaginou se Lucas decola e abre uma rede/franquia de restaurantes?

Como isso seria possível? Seu dentista não era um dentista comum. Era visionário, e deu muitas dicas valiosas para Lucas.

A primeira delas era conhecer e determinar uma **cultura de trabalho**, como se fosse a constituição de um país. Determinar a cultura de trabalho é importante para todos estarem alinhados e trabalharem da mesma forma, com a mesma intenção e engajamento. A seguir, ele comentou que é importante nunca esquecer das pessoas. A empresa precisa delas, a empresa é formada por elas. É importante que a empresa abra seus horizontes e amplie sua intenção, para que sua missão vá além do seu produto e de lucratividade, e que chegue a ser algo que mude a vida das pessoas que se relacionam com ela, seja dos colaboradores, dos fornecedores, dos clientes ou do proprietário. O dentista empreendedor e empresário, ou o chefe de cozinha empreendedor e empresário precisam ser líderes inspiradores, que motivem e que se preocupem com as pessoas. Essa preocupação pode ser demonstrada na forma de reconhecimento pelo bom trabalho e também pelo investimento em treinamento e capacitação de seus colaboradores. O empreendedor deve ser alguém que está atento à sua própria formação e à gestão da empresa, buscando conhecimentos em áreas como marketing, vendas, operações, financeiro e administração.

Em alguns casos, é interessante contratar um consultor para pequenas empresas, especialista em marketing. Esse profissional trabalha com pequenos empreendedores, identificando lacunas que os impedem de atingir seus objetivos e também identifica oportunidades que precisam ser agarradas pela sua pequena empresa. Ele pode trabalhar com clientes em estratégias, planejamento e solução de problemas.

Os consultores trabalham com pequenas empresas, definindo metas e orçamento, criando a imagem de marketing para que a empresa atenda às necessidades de seus clientes; além disso, lançam um canal de vendas de marketing e criam uma página de blog, que são ótimas ferramentas para exposição da empresa.

A empresa que domina técnicas de marketing, seja por conhecimento próprio ou de uma consultoria contratada, consegue se destacar perante seus concorrentes. Além de conseguir alcançá-los, ela os supera, por meio de estratégias bem-feitas.

Lucas e Bruna mergulharam de cabeça neste livro e, depois de adquirirem todo esse conhecimento e refletirem sobre esses assuntos, estão motivados a arregaçar as mangas e aprimorar ainda mais os seus negócios. Ele agora ampliou seu sonho e, além de querer consolidar seu restaurante, quer abrir mais duas filiais, nos próximos dois anos. Já Bruna aplicou algumas estratégias mencionadas aqui e fortaleceu seu e-commerce. Seu interesse agora é investir em um marketplace, no qual outras lojas de cosméticos poderão vender dentro da sua loja.

Desejamos muito sucesso aos dois, e também a todos os leitores e pessoas que têm o sonho de ser empresários empreendedores, e que permaneçam fortes até o fim, como diz Desidério (2017). Segundo Howard Schultz, o CEO da Starbucks, que é uma empresa multinacional norte-americana com a maior cadeia de cafeterias do mundo:

> Todo mundo começa forte. O sucesso vem para aqueles que têm um compromisso inabalável de continuar assim até o fim.

> Howard Schultz, CEO da Starbucks

REFERÊNCIAS

5 ESTRATÉGIAS para alavancagem de negócio. [S.d]. Disponível em: https://meusucesso.com/artigos/5-estrategias-para-alavancagem-de-negocio-8869. Acesso em: 28 nov. 2021.

6 HABILIDADES de liderança que você precisa desenvolver. Sebrae. [S.d]. Disponível em: https://bibliotecas.sebrae.com.br/chronus/ARQUIVOS_CHRONUS/bds/bds.nsf/0e1c13662d9bc53898f141d9811c0f94/$File/30564.pdf. Acesso em: 5 jan. 2022.

6 PASSOS para você alavancar o resultado da empresa!. [S.d.]. Disponível em: https://vanzolini.org.br/produto/6-passos-para-voce-alavancar-o-resultado-da-empresa/. Acesso em: 10 dez. 2021.

ADMINISTRADORES. **Sistema de pagamento online**: quais os benefícios para sua empresa?. [S.d.]. Disponível em: https://administradores.com.br/noticias/sistema-de-pagamento-online-quais-os-beneficios-para-a-sua-empresa. Acesso em: 30 out. 2021.

ADOLPHO, C. **8Ps do marketing**: o que são, por que são importantes e mais!. Disponível em: https://www.conrado.com.br/8ps-do-marketing/. Acesso em: 10 fev. 2022.

ADOLPHO, C.; PEREIRA, J. P. **Aceleração comercial para empresários e executivos com Conrado Adolpho**. Instagram. 1 vídeo 1h e 07m 14s. Live. Participação de Conrado Adolpho e José Paulo Pereira. Disponível em: https://tinyurl.com/wyav2pe4. Acesso em: 20 dez. 2021.

ALENCASTRO, M. S. C. **Ética empresarial na prática**. Curitiba: Intersaberes, 2013.

ALVES, R. **A importância do marketing para as organizações**. 2012. Disponível em: https://administradores.

com.br/artigos/a-importancia-do-marketing-para-as-organizacoes. Acesso em: 10 dez. 2021.

BENETTI, R. **Persona e público-alvo**: entenda as principais diferenças. 2021. Disponível em: https://www.organicadigital.com/blog/persona-e-publico-alvo-principais-diferencas/. Acesso em: 10 fev. 2022.

BRASIL. Senado Federal. Secretaria Especial de Editoração e Publicações. Subsecretaria de Edições Técnicas. **Código Tributário Nacional e legislação correlata**. 2. ed. Brasília: Senado Federal, 2012.

BRAVIN, P. **A importância da honestidade para a prosperidade do administrador**. 2015. Disponível em: https://administradores.com. br/artigos/a-importancia-da-honestidade-para-a-prosperidade-do-administrador. Acesso em: 1 maio 2022.

BROWN, S. **CRM** – Customer Relationship Management. Makron, 2001.

CAMPANHA. S. **Tributos, impostos, taxas, contribuições. Que são?**. 2016. Disponível em: https://www.contabeis.com.br/artigos/3528/tributos-impostos-taxas-contribuicoes-que-sao/. Acesso em: 1 fev. 2022.

CAMPOS, R. **5 ferramentas para o gerenciamento de riscos em empresas**. Disponível em: http://www.consultoresdegestao.com.br/. Acesso em: 28 fev. 2022.

CARIBÉ, R. **Tudo o que você precisa saber sobre tributos, impostos, taxas e contribuições**. 2020. Disponível em: https://agilize.com.br/blog/gestao-fiscal/tributos/. Acesso em: 31 out. 2021.

CARROLL, L. **Alice no País das Maravilhas**. São Paulo: Martin Claret, 2007. Título original em inglês: Alice's Adventures in Wonderland (1866).

CHAVES, S. **Saiba como oferecer um pagamento online seguro**. 2018. Disponível em: https://www.ecommercebrasil.com.br/artigos/oferecer-um-pagamento-online-seguro/. Acesso em: 20 out. 2021.

CHIAVENATO, I. **Gestão de pessoas** – o novo papel da Gestão do Talento Humano. 5. ed. São Paulo: Atlas, 2020.

CHIAVENTATO, I. **Empreendedorismo** – dando asas ao espírito empreendedor. São Paulo: Saraiva, 2004.

COMO avaliar os riscos e a atratividade do seu negócio. Disponível em: https://www.sebrae.com.br/. Acesso em: 28 fev. 2022.

COMO o marketing pode ajudar minha empresa. Disponível em: https://www.sebrae.com.br/sites/PortalSebrae/ufs/pr/artigos/como-o-marketing-pode-ajudar-minha-empresa,b027cd18a819d610VgnVC M1000004c00210aRCRD. Acesso em: 10 dez. 2021.

COSTA, J. D. **Por que a contabilidade é importante para as empresas?**. Disponível em: https:// respostas.Costa (2021).com.br/por-que-a-contabilidade-e-importante-para-as-empresas/. Acesso em: 20 nov. 2021.

DANTAS, E. B. **Atendimento ao público nas organizações: quando o marketing de serviços mostra a cara**. Brasília: Senac DF, 2009.

DAU, G. **Quais as diferenças entre MEI, EI, EIRELI e SLU?**. Disponível em: https://www.jornalcontabil.com.br/quais-as-diferencas-entre-mei-ei-eireli-e-slu-2/. Acesso em: 1 fev. 2022.

DESIDÉRIO, M. **22 frases de motivação para empreendedores de todos os tamanhos**. 2017. Disponível em: https://exame.com/pme/22-frases-de-motivacao-para-empreendedores/. Acesso em: 1 maio 2022.

DEWEIK, A. **5 passos para ter um bom relacionamento com seus clientes**. 2016. Disponível em: https://endeavor.org.br/marketing/dicas-relacionamento-cliente/. Acesso em: 5 jan. 2022.

DORNELAS, J. **Empreendedorismo** – transformando ideias em negócio. 8 ed. São Paulo: Empreende, 2021.

DUARTE, D. **Saiba quais são as funções administrativas**. 2020. Disponível em: https://dehumanas.com.br/infografico-funcoes-administrativas-podc/. Acesso em: 5 out. 2021.

DUTON, R. **Pequena empresa ou startup: você escolhe**. 2015. Disponível em: https://endeavor.org.br/desenvolvimento-pessoal/pequena-empresa-ou-startup-voce-escolhe/. Acesso em: 5 jan. 2022.

ENDEAVOR BRASIL. **10 dicas para prospecção de clientes em seu negócio**. 2021. Disponível em https://endeavor.org.br/vendas/dicas-prospeccao-de-clientes/. Acesso em 31/10/2021.

ENDEAVOR BRASIL. **5 maneiras de gerar mais leads para seu negócio**. 2015. Disponível em: https://endeavor.org.br/vendas/leads. Acesso em: 31 out. 2021.

ENDEAVOR BRASIL. **Contabilidade gerencial é muito mais do que calcular impostos**. É informação para decidir estrategicamente. 2015. Disponível em: https://endeavor.org.br/financas/contabilidade-gerencial/. Acesso em: 31 out. 2021.

ENXUGUE sua empresa e lucre mais – 7 dicas para eliminar desperdícios e entregar mais valor ao seu cliente. Sebrae. Serviço Brasileiro de Apoio às Micro e Pequenas Empresas: Brasília, 2016.

FAVARI, F. **Como se manter competitivo no mercado**. 2020. Disponível em: https://administradores.com.br/artigos/como-saber-se-manter-competitivo-no-mercado. Acesso em: 8 out. 2021.

FERRADEIRO, J. **Empresário José Paulo lança Ideal Sales como forma de alavancar as vendas**. [S.d.]. Disponível em: https://observatoriodosfamosos.uol.com.br/publieditorial/empresario-jose-paulo-lanca-ideal-sales-como-forma-de-alavancar-as-vendas. Acesso em: 15 dez. 2021.

FREITAS, R. **15 termos de contabilidade que todo contador precisa saber**. 2017. Disponível em: https://www.jornalcontabil.com.br/15-termos-de-contabilidade-que-todo-contador-precisa-saber/. Acesso em: 1 fev. 2022.

GRACIOTTI, L. **10 dicas para atrair clientes para sua loja**. 2017. Disponível em: https://administradores.com.br/artigos/10-dicas-para-atrair-clientes-para-sua-loja. Acesso em: 1 maio 2022.

GRILLETI, L. Profissionalizando as finanças: como corrigir as práticas informais de contabilidade?. 2018. Disponível em: https://startupi.com.br/2018/04/profissionalizando-as-financas-como-corrigir-as-praticas-informais-de-contabilidade-2/. Acesso em: 2 maio 2022.

HSM UNIVERSITY. **Tipos de liderança**: aprenda sobre os 9 principais. [S.d.]. Disponível em: https://hsmuniversity.com.br/blog/tipos-de-lideranca. Acesso em: 5 out. 2021.

IDEAL PAY. Disponível em: https://idealpay.io/. Acesso em: 1 maio 2022.

IDEAL SALES. Disponível em: https://www.idealsales.com.br/. Acesso em: 1 maio 2022.

KUVIATKOSKI, C. **Inovação disruptiva**: o que é e por que seu negócio precisa conhecê-la?. 2018. Disponível em: https://www.ideianoar.com.br/inovacao-disruptiva/. Acesso em: 1 maio 2022.

LICASTRO, V. **6 passos para uma identidade visual de sucesso**. 2020. Disponível em: https://every.is/identidade-visual-de-sucesso/?gclid=Cj0 KCQiAq7COBhC2ARIsANsPATFAILsUxpXwgyIZhAuVcE5mIpuHMYAgX Xo4sPdtqqt8YiHyQ4bWy50aAkLiEALw_wcB. Acesso em: 15 dez. 2021.

LUZARDO, S. **Meu Cliente meu amigo**. Florianópolis: Ed.do Autor, 2004.

MACARIO, L. **3 níveis de contabilidade**. 2019. Disponível em: http://lucianomacario.com/3-niveis-da-contabilidade/. Acesso em: 1 fev. 2022.

MACIEL, F. R. O que é um gateway de pagamentos, afinal?. 2012. Disponível em: https://www.ecommercebrasil.com.br/artigos/o-que-e-um-gateway-de-pagamentos-afinal/. Acesso em: 2 maio 2022.

MAGALHÃES, A. C. **Como montar uma loja virtual?** 12 passos para criar do zero. 2020. Disponível em: https://ecommercenapratica.com/passos-para-abrir-loja-virtual/. Acesso em: 10 fev. 2022.

MARQUES, J. R. **Como planejar melhor o "clico de vida" da minha empresa?**. [S.d.]. Disponível em: https://www.ibccoaching.com.br. Acesso em: 8 out. 2021.

MARQUES, J. R. **Entenda o conceito de know-how e como usá-lo a favor do seu negócio**. 2022. Disponível em: https://www.ibccoaching. com.br/portal/entenda-o-conceito-de-know-how-e-como-usa-lo-favor-do-seu-negocio/. Acesso em: 15 dez. 2021.

MARQUES, J. R. **O que é know-how?**. 2018. Disponível em: https:// www.ibccoaching.com.br/portal/vida-profissional/o-que-e-know-how/. Acesso em: 15 dez. 2021.

MCKENNA, R. **Marketing de Relacionamento**. Rio de Janeiro: Campus, 1999.

MEDEIROS, L. **Clientes estão dispostos a pagar mais por experiência**. 2014. Disponível em: https://www.mundodomarketing.com.br/ reportagens/comportamento-do-consumidor/31975/clientes-estao-dispostos-a-pagar-mais-por-experiencia.html. Acesso em: 1 maio 2022.

MEU NEGÓCIO. **7 estratégias para administrar melhor sua loja virtual**. Disponível em: https://meunegocio.uol.com.br. Acesso em: 6 out. 2021.

PEREIRA, J. P. **3 Maneiras de oferecer uma experiência de compra personalizada aos seus clientes**. 2021. Disponível em: https:// josepaulogit.com/blog/3-maneiras-de-oferecer-uma-experiencia-de-compra-personalizada-aos-seus-clientes/. Acesso em: 1/4/2022.

PINTO, M. **5 erros de gestão de pessoas que a sua empresa não pode cometer**. 2016. Disponível em https://www.guiaempreendedor. com/guia/5-erros-de-gestao-de-pessoas-que-a-sua-empresa-nao-pode-cometer. Acesso em: 31 dez. 2021.

PINTO, M. **Gestão de pessoas**: conheça as 4 principais avaliações de desempenho. 2016. Disponível em: https://www.guiaempreendedor. com/guia/gestao-de-pessoas-conheca-as-4-principais-avaliacoes-de-desempenho. Acesso em: 31 dez. 2021.

PINTO, Mateus. **Como alavancar sua micro e pequena empresa?** 2016. Disponível em: https://www.guiaempreendedor.com/guia/como-alavancar-sua-micro-e-pequena-empresa. Acesso em: 20 dez. 2021.

PORTELLA, R. **Gestão de vendas**. 2014. Disponível em: https://administradores.com.br/artigos/gestao-de-vendas. Acesso em: 10 dez. 2021.

QUINTAS, R. **Como ter receita recorrente: lições de Netflix, GE e LinkedIn**. 2016. Disponível em: https://endeavor.org.br/estrategia-e-gestao/licoes-da-netflix-ge-e-linkedin-para-garantir-clientes-longo-prazo/. Acesso em: 6 out. 2021.

QUINTERO, F. **Gateway de pagamento**: como funciona. 2015. Disponível em: https://www.ecommercebrasil.com.br/artigos/gateway-de-pagamento-como-funciona/. Acesso em: 1 maio 2022.

REIS, T. **Know-how: o que é?** Qual a sua importância para as empresas?. 2019. Disponível em: https://www.suno.com.br/artigos/know-how/. Acesso em: 10 dez. 2021.

RESNIK, P. **A bíblia da pequena empresa**. São Paulo: McGraw-Hill, Makron Books, 1990.

REZ, R. **Os 4 P's de Marketing**. 2017. Disponível em: https://novaescolademarketing.com.br/a-teoria-dos-4-ps-de-marketing/. Acesso em: 10 dez. 2021.

RICARDO, R. **Como se tornar um empreendedor de alto impacto**. Disponível em: https://www.portalempreendedorismo.com.br/2020/03/11/como-se-tornar-um-empreendedor-de-alto-impacto/. Acesso em: 15 dez. 2021.

RICHARDSON, M. **Dicas para tornar sua empresa mais competitiva e sustentável**. 2017. Disponível em https://www.sebrae.com.br/sites/PortalSebrae/ufs/ap/artigos/dicas-para-tornar-sua-empresa-mais-competitiva-e-sustentavel,00160edf67bef510VgnVCM1000004c00210aRCRD. Acesso em: 1 maio 2022.

SAIBA como alavancar os resultados da sua empresa através de uma gestão estratégica eficiente. [S.d.]. Disponível em: https://apiceconsultoriajr.com/saiba-como-alavancar-os-resultados-da-sua-empresa-atraves-de-uma-gestao-estrategica-eficiente/. Acesso em: 20 dez. 2021.

SAIBA o que são custos fixos e custos variáveis. 2018. Disponível em: https://www.sebrae.com.br/sites/PortalSebrae/ufs/ap/artigos/saiba-o-que-sao-custos-fixos-e-custos-variaveis,7cf697daf5c55610VgnVCM1000004c00210aRCRD. Acesso em: 1 fev. 22.

SANTANGELO, C. **A importância da área de vendas para as empresas**. 2009. Disponível em: https://administradores.com.br/artigos/a-importancia-da-area-de-vendas-para-as-empresas. Acesso em: 15 dez. 2021.

SANTOS, D. **A importância do Google Analytics**. [S.d.]. Disponível em: https://www.goobec.com.br/blog. Acesso em: 10 fev. 2022.

SEBRAE. Serviço Brasileiro de Apoio às Micro e Pequenas Empresas. **Estilos de liderança**: saiba como escolher o melhor. Disponível em https://www.sebrae.com.br. Acesso em: 5 out. 2021.

SEBRAE. Serviço Brasileiro de Apoio às Micro e Pequenas Empresas. **5 Dicas para abrir o seu e-commerce**. Disponível em: https://www.sebrae.com.br. Acesso em: 6 out. 2021.

SEBRAE. Serviço Brasileiro de Apoio às Micro e Pequenas Empresas. **O que são estratégias empresariais**. Disponível em: https://www.sebrae.com.br. Acesso em: 6 out. 2021.

SEBRAE. Serviço Brasileiro de Apoio às Micro e Pequenas Empresas. **O que é a experiência de compra?** Disponível em https://www.sebrae-sc.com.br/. Acesso em: 5 out. 2021.

SEBRAE. Serviço Brasileiro de Apoio às Micro e Pequenas Empresas. **Dicas para diminuir o risco de fraudes no comércio eletrônico**. Disponível em: https://www.sebrae.com.br. Acesso em: 20 out. 2021.

SEBRAE. Serviço Brasileiro de Apoio às Micro e Pequenas Empresas. **O que são meios eletrônicos de pagamentos**. Disponível em: https://www.sebrae.com.br. Acesso em: 8 out. 2021.

SEBRAE. Serviço Brasileiro de Apoio às Micro e Pequenas Empresas. **Análise da concorrência**. Disponível em: https://www.sebrae.com.br. Acesso em: 5 out. 2021.

SEBRAE. Serviço Brasileiro de Apoio às Micro e Pequenas Empresas. **Mercado –** concorrência. Disponível em: https://www.sebrae.com.br/Sebrae/Portal%20Sebrae/UFs/RJ/Anexos/MERCADO_concorrencia.pdf. Acesso em: 8 out. 2021.

SEBRAE. Serviço Brasileiro de Apoio às Micro e Pequenas Empresas. **Gestão Sustentável nas Empresas**. Disponível em: https://www.sebrae.com.br/Sebrae/Portal%20Sebrae/UFs/AP/Anexos/Sebrae_Cartilha2ed_Gestao_Sustentavel.pdf. Acesso em: 6 fev. 2022.

SEGATTI, A.; PEREIRA, J. P. **Vida, carreira e empreendedorismo com André Segatti**. Participação de André Segatti e José Paulo Pereira. Instagram. 1 vídeo. Live. Disponível em: https://tinyurl.com/ejunjnk6. Acesso em: 20 dez. 2021.

SILVA, A. F. **O que é CRM e para que serve?** Disponível https://www.guiaempreendedor.com/guia/o-que-e-para-que-serve-e-o-valor-crm-consumer-relationship-management. Acesso em: 3 dez. 2015.

SOUZA, B. **Receita recorrente**: o que é e quais são as vantagens desse modelo. 2019. Disponível em: https://reev.co/receita-recorrente/. Acesso em: 20 out. 2021.

TAVARES, J. C. R. **Conheça 9 práticas para atrair bons funcionários para sua empresa**. 2017. Disponível em: https://okup.com.br/praticas-para-atrair-bons-funcionarios/. Acesso em: 28 fev. 2022.

TENÓRIO, D. M. **5 temas para tirar do papel e se tornar um empreendedor de alto impacto**. 2021. Disponível em: https://endeavor.org.br/estrategia-e-gestao/5-temas-empreendedor-alto-impacto/. Acesso em: 10 dez. 2021.

TOLEDO, M. **Análise Swot**: um pequeno guia. Disponível em: https://administradores.com.br. Acesso em: 8 out. 2021.

ZENONE, L. C. **CRM Customer Relationship**. São Paulo: Novatec Editora, 2007.

QUEM SOMOS?

A Ideal Books ganhou vida por acreditar que o conhecimento é uma das maiores ferramentas de poder para transformar as pessoas, afinal, é por meio das pessoas que mudamos a realidade do mundo. Por essa razão, diante de tantos cenários caóticos, com informações falsas e dúvidas sobre quais são os caminhos certos e errados, a nossa missão ganha cada vez mais força, pois a verdade é libertadora e permite que homens e mulheres façam suas próprias escolhas com segurança.

Somos inquietos, queremos um país melhor, e é por meio dos nossos livros e produtos com metodologias comprovadas e da nossa cultura empreendedora de resultados que vamos levar conhecimento aplicado a todos que buscam transformação de vida e de negócios. Foi por isso que a Ideal Books desenvolveu dois selos para ensinar a todos como conquistar equilíbrio e resultados com perenidade, ética e verdade: o selo **Ideal Business**, que distribui conhecimento voltado para todo o universo empreendedor, e o selo **Ideal Life**, que distribui conhecimento voltado ao desenvolvimento pessoal.

A Ideal Books é uma editora do Grupo Ideal Trends, um conglomerado de empresas multimilionário, íntegro e antenado com as principais demandas do mercado. Temos a certeza de que, com a nossa estrutura, métodos e a missão em espalhar a verdade, temos o mapa perfeito para potencializar qualquer expert que esteja alinhado com os nossos princípios e valores.

Acesse o site e confira nossos livros: https://idealbooks.com.br/